日本人は漢文をどう読んだか

直読から訓読へ

湯沢質幸〈著〉
YUZAWA Tadayuki

勉誠社

本書の目的

漢文は日本で古代から現在に至るまで延々と読み継がれてきた。その間、漢文に関わる読み方は中国から渡来した直読のほか、平安時代になると訓読が誕生し、二種類となった。そしてその後、一部仏典を除くと直読は消滅し、全面的に訓読のみ行われるようになった。江戸時代以降にはしばしば儒書直読が主張されたが、訓読中心は微動だにしなかった。このように、日本においては〈直読から訓読へ〉という歴史的な変化が生じ、訓読のみと言っても過言でない状態になった。しかし、これまでそのような変化が生じた原因、取り分け直読が消滅した原因についてその穿鑿が十分行われてきたようには思われない。そこで本書では、直読消滅、訓読残存の原因を追い求めつつ〈直読から訓読へ〉という変化の大枠なり輪郭を描くべく、改めて直読と訓読との歴史的な関係を考えてみる。

なお、漢文の読み方について直読と訓読とを対比的にとらえることには実は誤解を招きかねない所がある。しかしその点については本文の中で必要に応じて折々述べることとして、特にことわらない限り両者は漢文において同一レベルにあるものとして取り扱う。

目次

第五章　『宇津保物語』併存の再検討

凡　例

1　用語

①声読：文字（や記号）で紙面に表示された文（や語句）を見てそれを声をあげて読むこと。すなわち読むことは、文字で書かれた文とその声読とからなるもの＝［文・声読］ということになる。

・黙読は原則として取り扱わない。

・同義語「音読」は字音で読む意をも表すので用いない。

②直読：漢文＝中国語古典文や中国語現代文を中国語音＝字音で声読すること＝［漢文・声読＝字音声読］。時には「字音声読」を言う場合もあるが、いずれかは文脈から理解されるはずなので、逐一それをことわることはしない。

③訓読：漢文文面上に呈示された、漢文の日本語翻訳文すなわち直訳文（→④）を日本語音で読むこと＝［直訳文・声読＝日本語音声読］。

・今日一般に使用されている訓読を広義におけるものとすれば、本書のそれはそれに含まれる、狭義の訓読ということになる。

④直訳文：漢文の文面に漢文中の漢字と訓点とによって呈示される、ないし呈示されたその日本語翻訳文。時としてこれを漢文の翻訳文あるいは訓読文と呼ぶこともあるが、いずれかは文脈から判断されるはずなので、逐一それをことわることはしない。

・漢文から直接作り出される翻訳文のように見えることにちなむ。直訳文という語には意訳文の対義語としての意味が既にあるが、本書ではその意で用いることはない。

⑤訳読文・訳読：直訳文以外の、漢文その他外国語文の、書き下し文も含む翻訳文を訳読文と、またそれをその翻訳語音で声読することを訳読とそれぞれ呼ぶ。すなわち、一般的な翻訳文＝

訳読文とその声読＝［訳読文・声読＝当該外国語音声読］。

⑥読解：文の読解は、その声読と、それに続くその解義（意味内容の把握）からなるもの＝［文の声読・解義］とする。

・声読が解義に関わる場合もあるが、そのことについてはその個所で説明する。

⑦現代：明治時代以降現在までを指す。

2　表記

①直読や訓読に関わる字音や字訓その他は、原則として歴史的仮名遣による。

②漢字の字体は現在一般に通用しているものに従う。

3　漢字仮名交じり文

訓点は仮名点だけでなくヲコト点や返り点なども含んでいるが、そのほとんどは漢字の読み方や助詞助動詞また活用語尾など、ある日本語（の一部）を表している。このことと、ヲコト点は結局消滅し仮名点のみになったこと、また即座に仮名に置き換えることができることなどから、本書ではヲコト点は仮名点と同等のものと見なして、漢文上に呈示された直訳文は漢字仮名交じり文の一種であるとする。

4　直読訓読等の行われる場

①直読や訓読また素読などが行われるのは、原則として漢文文献を用いた中国語学の授業や講読また講義などの行われる教場あるいは会場などとする。訳読もこれに準じる。

②特にことわらない限り、その時代その時代の中国字音を用いた直読が行われる外交や通商の場は取り扱わない。

第一章　直読と訓読
――現代と平安時代――

初めに直読と訓読との歴史的な関係のおおよそを、現代と平安時代との比較を通してとらえておくことにする。

1　現代の直読と訓読

現在、日本には中国語文について直読と訓読、二つの読み方がある。そして中国語文は新旧において現代文と古典文＝漢文との二種類に分かれる。また直読についてもその使用字音に新旧の別がある。一方、訓読は一種類しかない。文を中心にして現代における直読と訓読とを整理してみると次のようになる。

1—1　直読［中国語文・字音声読］

①　現代文

現代文は現代中国字音で声読される。日本語文であれ外国語文であれ、現代においてそれが読まれる場合、それぞれについてはそれぞれの言語の現代音が用いられる。この点において、直読［中国語文・中国語現代字音声読］は文の一般的普遍的な読み方の一例ということになる。そしてその読解においては文の声読＝直読の後、その解義が行われることになる。したがって、その直読は中国語文解義に先行するものとも、解義を導くものとも言えることになる。

②　古典文＝漢文

a 現代中国字音直読

一般に古文であれ現代文であれ、その当時当時の音でもって読まれるのが普通である。このことに照らし合わせると、中国古典文である漢文の現代中国字音声読もまた普遍的な文の読み方に沿ったものということになる。ただし、それは中国思想や中国文学、中国語学など、儒学（漢学）の古典文献を取り扱う研究領域つまり近世儒学界の流れを汲む研究分野において行われているだけである。ちなみに、この読み方は現代の漢文直読論者によって始められた。

b旧音＝呉音漢音唐音直読

仏教界では近世江戸時代以前に成立した呉音漢音唐音による声読が、宗派のアイデンティティの確立や仏教儀礼などのために一部仏典において行われている。

1―2　訓読［日本語翻訳文＝直訳文・日本語音声読］

訓読は加点漢文において行われている。ただし、白文＝無加点漢文についても加点漢文に準じて、すなわちあたかも加点が行われているかのように訓読が行われる。なお、右の②aで述べた、儒書を取り扱う分野においてももちろん訓読は行われている。その場合、訓読は「読み方」などと呼ばれ、そして直訳文は書き下し文（読み下し文）の形で加点漢文に添えられていたりする。

2　平安時代の直読と訓読

平安時代、中国語文については直読と訓読が行われていた。現代の場合に準じて整理すると次のようになる。なお、以下、平安時代の中国語文はすべて古典文＝漢文として取り扱うが、当時の日本においては古典文でなくまさしく現代文と言うべきものもあったはずである（第二章冒頭）。

2—1　直読〔中国語古典文＝漢文・呉音漢音声読〕

仏書においては呉音主、漢音従で直読が、儒書においては漢音直読がそれぞれ行われていた。ただし、訓読出現後はそれぞれがいつまで、どの範囲において行われていたのか、その詳細はほとんど不明である。

2—2　訓読〔日本語翻訳文＝直訳文・日本語音声読〕

訓読は平安時代を通じて確立、伸長した。仏教界において先に成立し、後に儒学界においても行われるようになった。ただし、直読同様、それぞれの世界においてそれぞれがどのように成立し拡大していったのか、その経緯の詳細は今なお判然としない。

3　現代と平安時代

平安時代にはまだ成立していなかった唐音による直読も視野に入れつつ現代と平安時代とを比べてみると、直読の場合だいたい次のような歴史をたどってきたということになる。

呉音漢音による直読が平安時代には行われていたのに対して、現代ではそれは全面的に消滅している。ただし、仏教界の一部仏典にはなお行われている。中近世には唐音直読が加わったが、それも呉音漢音と同じく一部仏典にのみ行われているだけである。なお、明治時代以降、儒書の現代中国字音による直読が儒学関係の研究領域の一部において行われている。

一方、訓読の方はだいたい次のようになる。

平安時代に成立、発展した訓読は今日においても仏教界儒学界を問わず、つまり仏典儒書を問わず行われている。

ここに〈直読から訓読へ〉という変化について、おのずと例えば次のような疑問が次から次へと浮上してくることになる。

直読：旧音呉音漢音直読が消滅した原因は何か。またその時期はいつか。その過程はどのようなものだったのか。

訓読：（直読とは多く逆に）その誕生や成立の原因は何か。またいつ成立したのか。どのように発展して直読をしのぐようになったのか。

ところで、先にも触れたように直読も訓読も平安時代から今日に至るまでの経過が必ずしもよく分かっているわけではない。そしてそれがよりはなはだしいのが直読である。その理由は二つある。

①直読の場合文面を見てもそれが行われているのか否かが判別できないこと。

②漢文について訓読が行われるようになったこと。

前者①は、紙面に文字表記されたある言語の文がその言語の音で声読された場合、その跡など文面に残らないのが普通であるということによる。漢文における直読はまさにその実例である。本来の読み方である直読が行われていたとしても、それが漢文文面にそれと示されることなどまずない。したがって、時には初学者用に仮名による字音注が加えられていることや、音義書などの存在を通してその漢文が直読されたことが知られる場合もあるが、通例無加点の漢文＝白文における直読の有無をその文面において論じることなどできない。さらにそれは実は加点漢文における直読の場合も同じである。ちなみに、今日刊行されている儒書注釈書の中には現代中国字音による直読が行われることを前提として加点が行われているものもある。

一方、後者②については、訓読未成立の時であれば自動的に全漢文直読ということになる。例えば奈良時代であったら全漢文直読だったとしか解せられない。しかし、訓読が成立した平安時代以降になると、白文＝無加点漢文であっても現代におけるのと同様、訓読に相当するもののみ行われた可能性まで生じてくることになる。

なお、儒学界に関わって［漢文・現代中国字音直読］（一―1―1②a）は、平安以降のある時から行われなくなった直読［漢文・呉音漢音声読］（一―2―1）を現代に至って補っているかのように見える。しかし、その使用字音の違いにうかがわれるように、それぞれが行われた背景はまったく異なっている。漢音直読は朝廷の強制により行われたものであるのに対して、現代字音直読は〈中国人は漢文を直読している。日本人もそれに習うべきである〉という儒学関係者の主張に基づくものである。ちなみに、これに関わって〈もし儒学界で漢音直読が消滅していなかったら、現代中国字音による儒書声読はなかったのでないか〉という意見が提出されるかもしれない。そしてこれについては現代仏教界における、一部仏典の旧音直読残存、現代中国字音直読無ということが思い合わされる。しかし、日本の仏教界における新中国音による直読の定着は、例えば禅宗における唐音直読に見るように中国から新仏教が渡来し成立した時にしか見られない（八―1）。したがって、それは明治以降、日本では中国新仏教が成立しなかったことによるとしか考えられない。つまり、右の見方の補強にはなりえない。もし漢音直読が残存していたとしたら仏教界また朝鮮やベトナムなどにおけるのと同様、〈中国古典文は伝統にのっとって旧音＝漢音で声読する〉、〈現代中国語文のみ現代中国字音で直読する〉という一種の棲み分けが成立することになったのでないだろうか。

4　平安時代儒学界

現代と平安時代との比較は、〈直読から訓読へ〉という変化が仏教界より儒学界において徹底的かつ全面的に進行したことを示している。また、このことに関しては従前の研究によって平安時代またその前後において直読や訓読の盛衰に関わる情報がより広範囲にわたって見出されるのは儒学界であることが知られている。そこでこの二点から、以下、考察の便宜を図ってまずは平安時代儒学界に焦点をすえて、〈直読から訓読へ〉という歴史的な変化の生じた原因や過程の検討を進めていくことにする。

第二章　平安時代儒学界の直読と訓読
――『宇津保物語』と『北山抄』『江家次第』――

　儒書の場合、直読に使用する字音は遅くとも八世紀奈良時代の内に呉音から漢音へと完全に変わった。漢音の源は平安時代極初期以前の唐代字音にある。したがって、平安時代以降のある時期までの直読は唐代中国字音そのものか、それに近いもので行われていたことになる。すなわち、本書では特にことわらない限り使用字音の日本化の有無や程度などは考慮せず、また中国古典文は一律に漢文としている。しかし、例えば三章以下で取りあげる、中唐の詩人白居易（七七二―八四六）著八四五年成の『白氏文集』などは、平安初期には既に日本に渡来していた。したがって、それは当時における現代文学であった。そして少なくともその渡来当時において日本で行われたその直読は当時における現代中国字音声読そのものかそれに近いものだったはずである。

　一方、訓読はおおよそ平安初期の仏教界で始まった。次いで平安時代「十世紀中頃」（築島一九八四）以降儒学界でも加点が行われるようになった。本書はこれにちなんで「十世紀中頃」以降儒学界でも訓読が行われるようになったと見なす。そして以下、本章では直読と訓読に関わる情報を提供していることで既に知られている、平安時代の『宇津保物語』と『北山抄』などの言及によりながら、当時の儒学界における両者のあり方を追ってみることにする。

1 『宇津保物語』講書における直読と訓読

『宇津保物語』の次の一節は天皇への講書の一場面である。

(文箱は二つあった。一つは仲忠の祖父) 俊蔭のぬしの集、その手にて古文《こぶみ》に書けり。今一つには俊蔭のぬしの父式部大輔の集、草《さう》に書けり。(天皇は仲忠に新発見の「古文《こぶみ》」に)「手づから点し、読みて聞かせよ」とのたまへば、古文《こぶみ》文机《ふづくゑ》の上にて読む。例の花の宴などの講師《かうじ》の声よりは、少しみそかに読ませたまふ。七、八枚の書《ふみ》なり。果てに、一度《たび》は訓《くに》、一度は音《こゑ》に読ませたまひて、面白しと聞こしめすをば誦《ずん》ぜさせたまふ。何ごとしたまふにも、声いと面白き人の誦じたれば、いと面白く悲しければ、聞こしめす帝も、御しほたれたまふ。「蔵開中」

✦中野孝一校注二〇〇一『うつほ物語 新編日本古典文学全集一五』小学館

✦( ) 内は本書著者。また本書はこの物語は十世紀後半成立とする説に従う。

祖父俊蔭や仲忠そして天皇の学識を背景にして、右大将昇進直後の仲忠が祖父の漢文＝「古文《こぶみ》」について天皇に講義を行うこの場面には、直読と訓読とに関わって看過できない情報がいくつか見いだされる。

一―１　「一度《たび》は訓《くに》、一度は音《こゑ》に」――直読訓読併存――

漢文に関わるの読み方については何よりも「古文《こぶみ》」において「果てに、一度《たび》は訓《くに》、一度は音《こゑ》に読ませ」という所が注目される。ここの「訓《くに》」と「音《こゑ》」とについては、例えば次のようなことから推して〈「訓《くに》」は訓読、「音《こゑ》」は直読〉を表すとする従来の解釈以外、成り立ちそうにない。

①平安時代には漢文に関わる文の読み方として直読と訓読があった。
②漢文本来の読み方は直読であるが、儒学界でも『宇津保物語』成立当時には訓読も行われていた。
③漢文の読み方において両語は対比的に用いられている。

なお、時代は下るが次節で取り上げる平安時代の有職故実書『北山抄』などにおける釈奠の説明の中で、「直読」と「訓読」とが対比的に取り扱われていることも〈「訓《くに》」＝訓読⇕「音《こゑ》」＝直読〉説の支えとなる。

『宇津保物語』では同一文献について同時に訓読と直読が行われていること、『宇津保物語』の成立は十世紀後半とされていること、また儒学界における訓読は「十世紀中頃」に始まるとされていることなどはあいまって次のようなことを示している。

①少なくとも十世紀後半の儒学界では、その範囲はともかくとして同一漢文において直読と訓読の双方が行われていた。
②訓読の誕生、成立は即直読の消滅ではない。

この二つはつまるところ、直読と訓読とは同一漢文において併存しうること、この講書はそれが実際に行われていたことの二点を明言している。

なお、直読もなされていることから俊蔭の「古文《こぶみ》」は中国人の作った漢文と同等のものとして取り扱われていたことが知られる。

1―2 「手づから点し」――加点者仲忠――

天皇は講書に際して仲忠に「手づから点し、読みて聞かせよ」と命じた。「点し」は、その語自体の意味に加えて「点し」たものを「読みて聞かせよ」と命じていること、さらには「果てに、一度《たび》は訓《くに》…に読ませたまひて」と「古文《こぶみ》」を訓読をさせていることなどから、解義のために〈メモ〉程度のものを紙面に加えるの意ではなく、直訳文呈示のための訓点を加える、加点を行うという意を表すものとしか解せられない。そして天皇が仲忠に加点を「手ずから」せよと命じていることを通して、十世紀後半当時の儒学界における訓読に関して次のようなことがうかがわれる。

①訓読は既に、明経博士や文章博士など、儒学界の指導的な立場にいる人物の訓点に従って行われるのが普通となっていた。

②（①に関わって）儒学界の指導者だけでなく仲忠のような官僚の中にも白文に対して即座に加点を行えるくらいの学識を備えた人物がそれなりにいた。

1―3　「果てに、一度《たび》は訓《くに》、一度は音《こゑ》に読ませたまひて」――解義後の声読――

天皇は「古文《こぶみ》」を「果てに、一度《たび》は訓《くに》、一度は音《こゑ》に読ませて、面白しと聞こしめすをば誦《ずん》ぜさせたまふ」た。そして「何ごとしたまふにも、声いと面白き人の誦《ずん》じたれば、いと面白く悲しければ、聞こしめす帝も、御しほたれたまふ」こととなった。

「果てに」以前に既に訓読が行われていることを踏まえると、読むことに関して講書は〈訓読から始まり、「果てに」訓読と直読双方、最後に朗詠〉へと進行したことになる。これに従って改めて『宇津保物語』本文を眺めてみると、不思議に思われるのは「古文《こぶみ》」の意味内容に関わること、つまり解義に関わる講義をさせたということがこと文面に書き示されていないことである。

素読のような、その対象となる文の意味内容に関わらない読み方はともかくとして、文献を用いた講読や講義などの授業あるいは講演などにおいて、本文解義に関わることが語られないなどということはない。通例、そのような場における文の読解は、まず初めにその文の声読を行い（行わせ）、次いでその文の意味内容の把握＝解義を行う（行わせる）ことで終わる。「古文《こぶみ》」の講書においても「古文《こぶみ》」の解義に関わることを仲忠が述べないなどということはありえない。第一、いかに仲忠の訓読や直読あるいは朗詠がすばらしいものであったとしても、それを聞いただけで天皇が「古文《こぶみ》」について「面白し」と思ったり、あるいは「御しほたれたまふ」ことになったりするはずがない。そこで〈訓読↓訓読・直読↓朗詠〉という進行と、通例読解では本文声読の後に本文解義が行われることとを重ね合わせると、「古文《こぶみ》」の意味内容についての説明を仲忠が行ったのは、最初に訓読をした後、つまり「古文文机《こぶみふづくゑ》の上にて読」んだ直後としか解釈できなくなる。訓読も漢文の翻訳文である直訳文を声読するものなので、より精確に言えば〈仲忠は最初の訓読とそれに続く直訳文の解義の講義とで漢文「古文《こぶみ》」の意味内容の講釈を終えていた〉ということになる。いずれにせよ、直訳文は漢文の翻訳文である。したがって、訓読に始まった講書の、その冒頭の訓読の時から既に天皇は実質的には仲忠による漢文の意味内容に関わる説明を日本語において一通り受けていたということになる。これは今日の高校の漢文の授業における『論語』の講義などの場合とまったく同じである。そして、このように解釈して初めて「果てに」以下のことについても納得がいくのである。すなわち、仲忠の、〈「古文《こぶみ》」の翻訳文である直訳文の声読つまり訓読〉と、それに続く、〈直訳文の意味内容の説明〉とで、「古文《こぶみ》」の講義は実質的には終わっていた。それはもちろん、天皇における漢文「古文《こぶみ》」の意味内容の把握、理解つまり解義の完了を意味する。そこで天皇は講書の言わば締めとして〈「果てに、一度《たび》は訓《くに》、一度は音《こゑ》に読ませ」、さらには朗詠もさせた〉のである。

ところで、朗詠は訓読の対象である直訳文、それとも直読における漢文、いずれについて行われたのだろうか。朗詠を行わせる前に天皇は訓読も含め「古文《こぶみ》」の意味内容を日本語において理解していたことを考慮すると、次のように解釈すべきかと思われる。〈日常慣れ親しんでいる日本語文である直訳文を改めて音声的に鑑賞するために朗詠させた。〉しかし、字音による朗詠は漢文本来の読み方であるとともに外国語音での声読でもある。したがって独特の音的効果を発揮する。このことをかんがみると次のように解釈すべきかとも思われる。〈本来の読み方を確認しつつその音声的な調べを味わうために直読をさせた。〉もちろん、両者が行われた可能性もある。結局、判然としないが、このことは〈直読から訓読へ〉という変化に関わるとは考えられないので結論は保留としておく。

1—4 「読む」の意味

天皇の「手づから点し、読みて聞かせよ」という言葉のもとで、仲忠は俊蔭の「古文《こぶみ》」に加点をし、それを「文机《ふづくゑ》の上にて読」んだ。もとよりここでの「読む」は漢文文面、より厳密に言えば加点漢文文面を見ながら行われたことになる。

引用文面には「読む」を含む句は、この①「読みて聞かせよ」のほか、②「文机《ふづくゑ》の上にて読む」、③「みそかに読ませたまふ」、④「一度《たび》は訓《くに》、一度は音《こゑ》に読ませたまひて」などがある。それらを通して「読む」はそれぞれの所で訓読をする、あるいは直読をする、さらには両様に読むなどの意を表している。ただし、②「文机《ふづくゑ》の上にて読む」と③「みそかに読ませたまふ」における訓読する意の「読む」については、それと文面に明示されていないものの、前項で述べたように訓読に続いて解義を行う、行わせるという意が含められていると解釈しなければならない。これは訓読するの意の「読む」という語については、訓読の意を表すほか、その後に訓読した直訳文の解義を行うということも内々表している場合があるということである。このことを踏まえると、①「読みて聞かせよ」の「読む」は、例えば童話の「読み聞かせ」などのように文字通り〈読んで聞かせる〉の意だけでなく、〈文を読んで聞かせるとともに、その解義をも聞かせる〉ということをも表しているということになる。

これまでの「読む」という語の意味についての検討は、十世紀後半『宇津保物語』成立の頃には、「読む」という語は既に単独で訓読をするの意を表すだけでなく、その後に直訳文の解義を行うという意まで内々表すこともあるということを示している。これは訓読が「読む」をそのような意まで表すものに変えたということ、つまり十世紀後半までに訓読がそれほどまでの力を持つくらい世に広まっていたことを物語っている。この点において『宇津保物語』の講書の場面における「読む」は看過できない。

1—5　『宇津保物語』の情報——直読訓読併存等——

『宇津保物語』講書の場面には、十世紀後半儒学界における直読や訓読に関わるいろいろな情報が見いだされた。なかでも訓読について、①その当時直読と併存していたこと、②儒学界の指導者でなくても初見の漢文に加点が行える人物がいたこと、③「読む」を通してうかがわれる当時における訓読の完全な定着などは見逃せない。なぜなら、①は〈直読から訓読へ〉という変化について、訓読の成立は即直読の消滅ではないことを明言しているからである。また②は、当時、既に訓読が少なくとも中上流階級においては完全に定着していたことを示しているからである。またさらに、③とあいまって当時以前の儒学界において訓読は既に一般化していたことを物語っているからである。

ところで、「古文《こぶみ》」講書における併存は、加点「古文《こぶみ》」における併存なのか、それとも別本「古文《こぶみ》」つまり、加点「古文《こぶみ》」と白文「古文《こぶみ》」とにおけるそれなのか。併存は〈直読から訓読へ〉という変化に関わっているとしか解せられないが、それがいつどこでということが問われる時に至ると、必ずやこのことも問われることになるはずである。結論を先に言えば、仲忠加点「古《こ》文《ぶみ》」におけるそれであると考えられる。その理由は二つある。

a加点命令以下朗詠に至るまでの一連の進行の中に、写本の作成を示唆するような所がない。もちろん、その時間があったようにも見えない。あるいは、当時は例えば「古文《こぶみ》」のような新発見の貴重書については即座に写本が作られたのかもしれない。しかし、こと『宇津保物語』の文面においてそれをうかがわせるようなものなどありそうにもない。

b加点漢文中にはそのもととなっている漢文がそのまま残っている。しかもそれを構成する漢字だけを集めてもとの漢文を復元することなどそれほど難しいことではない。ちなみに、現代の儒書注釈書の中には、現代中国字音直読が行われることを前提にした加点漢文を掲げているものもある。

なお、この写本のことについては、天皇の手許におけるその有無、またこれに関わって古い時代における音声による情報の伝達のことなどが視野に入ってくる。しかし、それらは〈直読から訓読へ〉という変化に関わっているとは思われないので、すべて今後の課題としておきたい。

2　『北山抄』『江家次第』釈奠における直読と訓読

平安時代、儒学における重要な儀式である釈奠は朝廷のもとで大学寮において年二回開催された。儒学界唯一のセンターである大学寮は儒書漢音直読の教育を行う場であった。またもちろん儒学界における直読発信地でもあった。当然、釈奠も漢音直読で行われたとしか考えられない。釈奠における儒書の読み方について語る資料としては、既に有職故実書が知られている。その中で特に注目されるのは次の二書である。

2―1　『北山抄』

平安中期から後期にかけての儒学界を代表する人物の一人、藤原公任（九六六―一〇四一）は有職故実書『北山抄』一「二月上丁釈奠事」において次のようなことを書き記している。

都講先音読発題、次座主訓読

✦一九五四『故実叢書三一 内裏儀式…北山抄』明治図書出版・吉川弘文館

「音読」「訓読」は本書で言う直読と訓読とに相当するものと解される。なぜなら、まずその名称がそのように理解するのが妥当ということを示しているからである。次に、朝廷によって儒書直読の教育と実践を行うとされている大学寮の儀式において、〈初めに漢文の直読が、次いでその翻訳文＝直訳文の声読つまり訓読が行われる〉のは、外国語文献の、〈最初にその外国語音による声読が、次いで翻訳などを含むその解義が行われる〉という、一般的な読解の方式に合っているからである。中国起源の釈奠において中国起源の漢文が中国起源の直読で真っ先に読まれるというのは、当然のことである。ちなみに、「音読」「訓読」を直読訓読と見ることは、次の項で取りあげる『江家次第』の釈奠についての言及とも合致する。またもちろん『宇津保物語』における「音《こゑ》」「訓《くに》」を直読訓読と解することとも矛盾しない（二―1―1）。

ところで、『北山抄』は釈奠での直読と訓読が白文で行われたのか加点漢文で行われたのかまでは述べていない。ただし、儒学は大学寮のみならず朝廷にとっても最重要な、中国生まれの学問である。その儒学の儀式において、中国生まれの直読を加点漢文において行わなければならない理由などない。また正確に、しかも滞りなく直読を行うには訓点のある加点漢文より白文の方が好ましい。一方、訓読の場合は逆に白文より加点漢文の方が都合がよい、というより、そもそもしかるべき儀式において白文を訓読するなどということは想定すらしがたい。つまるところ、〈直読は白文において、訓読は加点漢文において行われた。すなわち、それぞれは同一儒書の別本それぞれにおいてそれぞれ行われた〉と考えざるをえない。

2―2　『江家次第』

平安後期の著名な儒学者にして政治家であった大江匡房（一〇四一―一一一一）の有職故実書『江家次第』五「二月釈奠」には次のような言及がある。

音博士読二発題一孝経、礼記、毛詩、尚書、論語、周易、左伝、輪転講レ之・座主訓読
漢音近代不レ読

◆一九五四『故実叢書二江家次第』明治図書出版・吉川弘文館

音博士が行う「読発題」は直読で行われたとしか考えられない。なぜならまず第一に、前項で述べた、大学寮における釈奠の位置づけや外国語文献読解における一般的な進行、そして、音博士の職務は大学寮新入生への直読教育であることなどは、音博士が釈奠の最初に漢文直読を行う

ことはありえても、漢文解義の一環をなす訓読を行うなどということはありえないことを示しているからである。また第二に、第一に関わって後方に「座主訓読」という文が続いているからである。これは別の官職の教官が訓読を行うことを示しているが、そもそも大学寮で解義に関わる教育、研究を行うのは明経道や紀伝道などの教官である。そのような人物、おそらく明経博士であろうが、彼が「座主」を務め、訓読を行うのは当然のことである。しかもそのように解釈することによって前半の文と後半の文とがよく符合する。

なお、『北山抄』におけるのと同様の理由から、最初の直読は無加点漢文で、次の訓読は加点漢文でそれぞれ行われるとされていたものと解される。また、後の書き込みかと思われる「漢音近代不レ読」は、〈「近代」に至って漢音直読が行われていない〉ということを述べているようにも見える。しかし、平安時代当時儒学界において直読は今日言う意での漢音によっていたとしか考えられない。また平安時代における「漢音」は「正音」とも呼ばれており、唐代字音ということにおいては今日言う漢音と同義と言ってよい。加えて、大学寮で教えられていたその「漢音」は必ずしも寮生に正しく、また熱心に学ばれていたわけではない（沼本一九八六、湯沢一九九六）。さらに既に平安時代、呉音系の字音が儒書に用いられるようにもなっていた（四―6―2―1〔コラム〕）。これらのことを重ね合わせると、この注記は〈近年は正統な中国字音による直読が行われなくなっている〉という意を述べるものとするのが妥当と考えられる。

2―3　釈奠での直読訓読併存

『北山抄』と『江家次第』がいつごろの釈奠について述べているのか、また史実をどの程度忠実に反映しているのか、判然としない。しかし、平安時代を通じて大学寮の釈奠は朝廷のもとで執り行われていた。また、その時代を代表する儒者二人がその時代の釈奠において実際には行われていなかったことばかりを書き残したなどという可能性も低い。加えて『宇津保物語』には平安時代に併存があったことを語る一節がある。さらに後ほど述べるが（六―1～4）、当時における大学寮や大学寮で直読教育を行う音道の置かれていた状況から、直読はこの二書の著者の時代には大学寮において行われていたと推定される。これらのことはあいまって両書は次のようなことを述べているものと解される。

平安時代中期から後期において、あるいはそれ以前それ以後においても、釈奠では直読と訓読とが同一儒書の、それぞれ白文と加点漢文とにおいて直読、訓読の順で行われていた。

3　『宇津保物語』と『北山抄』『江家次第』――併存――

儒学界では「十世紀中頃」に訓読が始まった。このことに、『宇津保物語』講書における併存、そして『江家次第』は十二世紀初期に没した匡房執筆になることを重ね合わせると、併存は平安時代、「十世紀中頃」から少なくとも一五〇〇年は続いたことになる。

ちなみに、「十世紀中頃」訓読成立という情報がなくても、『宇津保物語』はそれが書かれた時より前に儒学界においては訓読が成立し定着しており、併存が始まっていたことを示している。また、『北山抄』と『江家次第』は、平安時代を通じて釈奠が行われていたこととあいまって、それが書かれた後まで併存状態が続いていたことを示唆している。

ただし、『宇津保物語』の併存は天皇への講書の場においてのものであり、『北山抄』などのそれは儒学界を支配する朝廷、大学寮の、しかもその特別な儀式の場においてのものである。このことは、これらの書の語る併存はあるいは儒学界の特別な場における特別なことだったのではないか、儒学界の日常を反映していないのではないかということを物語っているようにも思われる。とはいえ、とにもかくにも『宇津保物語』は平安時代十世紀後半の成立であり、また『江家次第』は十二世紀初期に没した匡房の書である。それらはたとえそれが特別の場における特別なことであったとしても、明らかに併存が確定していたことを示している。いずれにせよ、併存は〈直読から訓読へ〉という変化の一過程を示すものとして絶対に見逃すことができない。そこで今、これまでの考察を踏まえながら、改めてこれらの書がそれぞれの併存を通してこの変化に関してもたらす情報とその限界とを整理しておくことにする。

3―1　『宇津保物語』の併存

『宇津保物語』における併存はこの物語成立以前、既に儒学界においては訓読が、つまり併存が一般的になっていたことを反映しているとしか考えられない。それはこの書が文学作品であることを考慮しても、本章冒頭部の考察にもとづく次の三点は重なりあって、〈この物語における「古文《こぶみ》」講書の少なくともその骨格は、この物語が成立する以前、既に儒学界において一般的になっていた、儒書の講義の仕方、儒書の読み方を踏襲している〉と解されるからである。

①『宇津保物語』での「古文《こぶみ》」講書の進行〈訓読→解義→訓読・直読→朗詠〉、取り分け〈訓読→解義→訓読・直読〉において当時の儒学界における儒書読解のあり方と異なる特別な措置が採られたことを示唆するような所は見いだせない。

②講書は特別な場ではある。しかし、この一節における併存がその当時において異例なものであるとか、ある意図に基づいて特別に設けられたものであるなどということを示唆するものはない。

③（②に関わって）「古文《こぶみ》」の講書は天皇のために催されたものであり、そしてそのすべてが天皇の意思のもとで執り行われている。しかし、その天皇がその場で訓読と直読とを併存させるために特別な措置をとった跡もなければ、とらなければならなかった事情も見いだせな

い。さらに、よしんば天皇が直読と訓読の取り扱いについて何か特別な措置をとろうとしても、それはかなわぬことであったに違いない。なぜなら、天皇の儒学に関わる教養や感受性がなみなみでなかったことは、講書全体をみずから取り仕切っていることや、仲忠の講書に感動していることなどに明らかである。しかし、天皇は大学寮の教官でもなければ儒学界の最先端にいて儒学界を牽引するような立場にいたわけでもないからである。『宇津保物語』がフィクションの世界であるとしても、好学の徒の一人である天皇が、こと「古文《こぶみ》」について自ら案出した方法でもって急遽仲忠に講書を行わせたなどということはありえない。

ちなみに、①特別な場ということについては天皇が仲忠に「古文《こぶみ》」に加点をさせていることが目に止まる。これは先述のように（二―1―2）加点において天皇が特別な計らいを行っていることを示している。しかし、それは講書以前、既に天皇は訓読のことを熟知していることの証左とはなりえても、儒学界が講書において初めて訓読の、そして併存の成立を見たことを証するものとはなりえない。また「果てに」訓読及び直読を、そしてその後朗詠を行わせているが、それもまた同様のことと解される。

3―2　『北山抄』『江家次第』の併存

『宇津保物語』を通して、「十世紀中頃」に始まる直読訓読併存以降、『江家次第』の著者匡房死去の十二世紀初頭までの間に訓読の急速な進展があったことがうかがわれる。また平安時代の進行にともなう残存加点儒書の増加も見られる。これら二点から、『北山抄』が書かれた当時の儒学界においては既に直読はかなり衰退していた、あるいはもはや消滅に近い状態にあったのでないかと推察されなくもない。このことと、平安時代、大学寮は儒学界唯一のセンターであったこと、当然儒学界唯一の読書音の発信地でもあったこと、そして釈奠はそこでの重要な儀式であったことなどを考え合わせると、ここに次のような可能性が想定される。

釈奠における併存は直読衰退の中で行われた、儒学界の特別な場における特別なことであった。既に直読はかなり後退していた。しかしながら、日本儒学にとって尊重すべき儀式である釈奠において儒書を訓読だけで行うわけにはいかない。正統な読み方である直読を第一に行わなければならない、このようなことを背景にして釈奠の直読は行われたのでないか。

ところで、この大学寮の釈奠における直読のことに関しては、右に述べたように儒学界における直読は大学寮を発信地とすること、中でも大学寮の音道、その所属教官＝音博士をその発信源としていることを忘れてはならない。なぜなら、それは大学寮、煎じ詰めると音道と音博士が存在している限り、大学寮そして儒学界から直読は消えないということを物語っているからである。もっともそれは大学寮入学者がいて音博士が本来の職務である漢音直読教育を行っているという前提のもとで言えることとであるが。

いずれにしても、平安時代、またそれ以降においても朝廷は存在しており、たとえ形骸化していたとしても律令制のもとで大学寮は存続していた。このことは、いかに訓読が伸長しようとも、平安時代の大学寮、儒学界においては直読が完全に消滅する可能性はなお低かったことを示唆している。とはいえ、このことは結局、釈奠における直読が特別な場における特別なことだったのかどうかということ、加えて平安時代儒学界における直読の衰退について実は何も語ってはいない。結局現段階においては、儒学界における直読の衰退、消滅のことについての穿鑿には、直読を支えていた朝廷や大学寮、音道、音博士の衰亡を常に視野に入れておかなければならないことが確認されるだけである。

その一方、訓読は朝廷の重要な儀式において直読にあたかも対峙しているかのように取り扱われている。このことは少なくとも十一世紀には訓読が公的な場においても確固たる位置を占めていたことをはっきりと示している。

第三章　直読から訓読へ
——直読の衰退——

漢文については直読しかなかった所に訓読が成立し、併存が始まった。その後、直読は衰退、消滅した一方、訓読は残った。もともとあった直読を中心にして〈直読から訓読へ〉のこのよう過程を眺めてみると、ここにおのずと直読はいつ消滅したのか、またその原因は何かという疑問が生じてくる。

1　直読消滅の時期

1—1　直読の儒書

儒学界における訓読の成立は「十世紀中頃」、それ以降伸長。では直読はいつ頃消滅したのか。直読の歴史を明らかにするには直読された儒書の調査が有効であることは言うまでもない。しかし、先に述べたように（一—3）、直読の有無を文面において確認することはほとんど不可能である。

そしてそれは、『宇津保物語』において仲忠は加点「古文《こぶみ》」を直読していることにもうかがわれるように、一つ白文においてだけでなく加点漢文においても同じである。また、今日直読が行われている仏典においても、過去のある時にそれが直読されていたか否かの判断は必ずしも容易でない。直読の確認がしがたい文献がほとんどの中にあって、漢音直読の跡が確認される儒書と言えば、それは周知の『蒙求』くらいしかない。

1—2　漢音加点『蒙求』

『蒙求』は八世紀半ば、唐の李瀚（?—?）の作になる児童もしくは初学者向けの儒書である。日本の儒学教育においては初学者への漢音教育の教科書として用いられたことでよく知られている。このことや、漢音注付加の古写本が比較的多く残っていることなどから、日本では古来漢音習得において、またその内容把握においてもっとも親しまれてきた儒書の一つであった。ただし、その漢音付加の『蒙求』は平安後期以降の、しかも寺院に伝えられてきたものばかりである。したがって、その字音や声点などが儒学界における直読の盛衰についてどの程度確実な情報を提供しているのか、よくわからない。したがって、結局、儒学界における直読衰退のことについて具体的に語る字音付加儒書資料はないということになる。なお、仏教寺院に直読の『蒙求』残存ということについては、仏典読誦音是正のためという解釈が提出されている（小松一九九五）。

今、漢音直読文献以外の所に平安時代以降における漢音直読衰退に関わる情報を求めてみると、何よりも先に儒書唐音直読論が目に入ってくる。

1―3　唐音直読論

江戸時代中期以降の儒学界においては、唐音直読推進論が繰り返し提出された。しかし、その中で旧字音である呉音ないし漢音による儒書直読に触れているものはないに等しい。唯一、朱子学者秋山玉山（一七〇二―一七六四）著『時習館学規』の中にのみ見いだされるだけである。しかも玉山は「和音」＝呉音漢音による直読をすべしと述べているものの、それは「華音」＝唐音の学習において「漢語師」つまりその教師が見つかるまでの間はという条件を付けている。これはもちろん「和音」直読がその当時の儒学界において行われていたことを物語るものではない。唐音教師不足のため臨時一時的に「和音」直読を可としただけのことである。

江戸時代の唐音直読論は、当初は古文辞学派の祖荻生徂徠（一六六六―一七二八）の『訳文筌蹄』やその高弟太宰春台（一六八〇―一七四七）の『倭読要領』において声高に唱えられた。その後、学派を越えて賛否両論が戦わされた。しかし、そこで旧音直読の主張はもとより、儒書旧音直読について触れた言及は右に述べた玉山のもの以外にはない。もし当時、儒書において漢音直読が行われていたとしたら、唐音直読との関わり合いにおいて必ずやそれについても触れたはずである。つまりそのような言及がないということは、江戸時代においては既に儒書漢音直読は完全に消滅していたことを示している。

さて、儒書に関わる唐音直読論はさかのぼっては室町時代中期の臨済僧桂庵玄樹（一四二七―一五〇八）著『桂庵和尚家法倭点』にもあることが知られている。彼がどのような人々にどのようにそれを訴えたのか、またその、中世儒学界への影響などは皆目不明であるが、彼の主張にもまた漢音など旧音による儒書直読のことについて触れる所は見当たらない。したがって、当時は既に儒学界から直読は消滅していたのではないかと考えざるをえなくなる。

なお、右に紹介した徂徠の書以下の中近世の三書は儒書における訓読の仕方を論じたものである。唐音直読のことはその一隅で触れられているに過ぎない。これは少なくとも玄樹以降の儒学界においては唐音直読是非の議論など必ずしも人々の関心の的となっていなかったこと、人々の関心は訓読にあったこと、すなわち儒書については完全に訓読のみ行われていたと言ってよいような状態にあったことを物語っている。

以上をまとめると、儒学界では遅くとも室町中期以前に漢音直読は完全に消滅しており、訓読のみ行われていたということになる。釈奠における漢音直読の併存から平安時代には直読が行われていたと仮定すると、鎌倉時代から室町中期までの、およそ二百五十年の間のどこかで儒学界における漢音直読は全面的に消滅したということになる。

2　直読消滅の原因と過程――外因説――

直読が行われている中で訓読が成立し、そして併存が始まった。儒学界の場合であれば併存は平安時代中期「十世紀中頃」に始まったことになる。そして仮に平安時代が終わるとともに併存も終わったとすると、併存は二百年以上続いたということになる。ところで、併存の終了は直読の終了である。当然のことながら、併存の時代、直読は訓読に押され続けて後退に後退を重ね、ついに平安時代が終わるに至って消滅したということになるが、ここにおのずと次のような疑問が生じてくる。

直読はなぜ訓読に押されたのか。

この直読衰退、消滅のことについては〈直読は中国から渡ってくるもの〉ということに着目した説明が既に繰り返し提出されている。私にまとめてみると以下のようになる。

2―1　直読消滅と日中関係――遣唐使廃止――

直読は漢文本来の読み方でありながら、日本では旧字音=呉音漢音使用の直読は原則として消滅した。一方、朝鮮やベトナムでは後世まで旧字音による直読が保持された。このような事実は、①直読は中国文化の一環として漢文とともに中国から各国各地に渡っていったこと、②日本では漢文については結局、訓読が全面的に行われるようになったこと、加えて③日本は大陸と海を隔てていることとあいまって、直読消滅について次のような説明を生み出した。

日本における旧音直読の消滅は日中交流におけるなにがしかの衰退が原因となって生じた。そして直読の消滅に伴って訓読が代わりに行われるようになった。

訓読が成立し進展した平安時代における日中交流を見てみると、この「なにがしかの衰退」については即座に遣唐使の廃止という大きな出来事が目に入ってくる。八九四年、菅原道真（八四五—九〇三）の建議によって遣唐使の廃止が決定された。これは日中国交停止にほかならならず、以後、室町時代になるまで日中間に正式な外交関係が結ばれることはなかった。

廃止以前においても既に当代中国=唐との外交関係は低下していた。しかし、遣唐使の廃止は外交関係の停止を公的に決定するものであるだけでなく、中国文化の大規模にしてかつ集中的な日本への渡来もなくなることを意味していた。ここに次のような説が成立するに至った。

遣唐使の廃止により中国文化の渡来も停止した。それに伴って中国字音またそれによる直読の渡来も途絶えた。そしてそれが原因となって呉音漢音直読は消滅し、代わりに訓読が成立、伸長した。

遣唐使廃止以前において既に中国との交流は低下していた。したがって、この見方は、遣唐使廃止が決定的な原因となって直読は衰退し始め、結局消滅したと考えるものということになる。いずれにせよ、この、外交の低下なり廃止と直読衰退とを結び付ける説については即座に例えば次のような不都合なことが見いだされる。

①遣唐使廃止以降も中国との交流が完全に途絶えたわけではない。民間あるいは半官半民的な中国との交流や交易が頻繁に行われていた。もちろん儒書、仏書の渡来も絶えることはなかった。ちなみに、仏教界では平安時代、奝然（九三八―一〇一六）、寂照（?―一〇三四）、成尋（一〇一一―一〇八一）など、著名な日本僧の入宋があった。

②もし国交停止が直読消滅の原因となっていたのだとしたら、日本における直読はいずれ消滅してしまうことになる。しかし遣唐使廃止以降においても十世紀後半成立の『宇津保物語』では「古文《こぶみ》」の直読が行われている。また『北山抄』などの釈奠の記事は遣唐使廃止よ

り二百年以上、後になっても釈奠でなお直読が行われていたことを示している。

③（②に関わって）儒学界唯一のセンターである大学寮に、例えば直読教育停止の法令とか、その縮小の命令というようなものが出されたことはない。また日中交流の低下が大学寮漢音教育の低下をもたらした跡なども見出せない。そもそもその低下が日本における儒書漢音直読の低下に関わっているのかどうか、関わりうるものなのかどうか、判然としていない。

④最後の遣唐使の派遣は平安初期八三八年に行われた。その頃以前の九世紀の中国字音に基づいた日本字音、いわゆる新漢音やそれによる直読は後世まで文字通り一部仏典においてであるが保持された。しかし、それが呉音や漢音またそれらを用いた直読などに影響を与えた形跡はない。同様のことは唐音や現代中国字音などの場合にも認められる。これは、呉音や漢音またそれらによる直読は、新漢音や唐音などの渡来以前、既にもはや新来の字音やそれによる直読の影響など全然受けないくらいの程度において確立、定着していたことを物語っている。ちなみに、呉音や漢音と同様、唐代以前の中国字音に基づいて成立した朝鮮字音やベトナム字音、またそれらによる直読は後世まで保持されている。なお、日本でもかつて呉音漢音直読が確立されていたことは、その呉音漢音が現在も日本語において体系的に確固として存在していることにおいても明らかである。

これら四点は、遣唐使廃止後、たとえ中国字音やそれによる直読の渡来が途切れたとしても、呉音漢音による直読はそのことに特に大きな影響を受けることなく後世に引き継がれた可能性が高かったことを示している。なお、こと仏教界において訓読は遣唐使廃止以前、既にかなり広範囲にわたって行われていた。このことは少なくとも仏教界の場合、廃止以前から既に直読は訓読に圧迫されていたこと、その中で直読は現在まで行われ続けてきたことを述べるものとして見過ごせない。

以上、仏教界も含めて考察を進めてきたが、日中間の外交関係断絶が呉音漢音直読消滅の原因であるとする説は短絡的であり、成立しがたいとしか言えない。そして、改めてもう一度この説を眺めてみると、繰り返しになるがやはり次のようにしか考えられなくなる。

そもそも、漢音直読を司る大学寮が成立して二百年弱、呉音直読はそれ以上たった時に、その時代の中国字音とそれによる直読の渡来がなくなったとしても、この二つの直読がそうそう簡単に消滅するはずがない。

2—2　直読消滅と朝廷・大学寮の衰退

前項③で述べたように大学寮の直読教育に外交関係停止が与えた影響は見いだせない。しかし先に、釈奠における併存に関わって述べたように（二―2―3）、儒学界の直読衰退、消滅のことは直読を統括していた大学寮、さらには大学寮を支配していた朝廷の盛衰との関わり合いを抜きにして語ることはできない。ここから次のようなことが想定されることになる。

平安時代を通じて朝廷は衰退した。またそれに伴い大学寮も衰退した。当然、これに連動して直読教育もまた衰退し、その結果、大学寮はもとより儒学界において直読は衰退し消滅した。

直読の周囲の事情を考慮している点において、この見方にはそれなりの説得力がある。とはいえ〈朝廷衰退↓大学寮衰退↓漢音教育衰退↓直読衰退〉と一直線にとらえるのは危険である。その理由は二つある。

①漢音直読の定着：大学寮の漢音教育は少なくとも奈良時代の初めから国策の一環として組織的計画的に行われた。また平安時代に入って朝廷はすぐに衰退し始めたわけではない。したがって、平安時代、朝廷の衰退以前の儒学界においては既に漢音直読が定着していたに違いない。それが平安時代を通じて進行した朝廷の政治力の低下、あるいはそれに伴う大学寮の衰退くらいで早々と儒学界から姿を消すはずなどないのでないか。第一、その低下、その

衰退がなぜ直読の衰退、消滅の原因になるのか。ちなみに、朝廷の盛衰などとは別に、儒学界、儒学は後世まで存続したし、もちろんそこでは儒書が読まれもしていた。また、いつまでかはともかくとして平安時代儒学界において直読が定着していたことは、『宇津保物語』や『北山抄』などにも現れている。また、それだけでなく、当時における漢音直読学習にまつわる毀誉褒貶（湯沢一九九六・二〇一〇）や、訓読のみ行われるようになった後世においても儒書には原則漢音使用が主張もされればそれなりに貫かれてもいたことなどを通しても、古く漢音直読が定着していた時代のあったことがうかがわれる。

②仏教界の直読消滅：仏教界における漢文の読み方については、朝廷から指示らしい指示が出されたことはない。それにもかかわらず、仏教界でも一部仏典を除くと直読は消滅した。この事実は、直読を取り巻く政策的な直読教育、そして朝廷や大学寮の盛衰などが儒学界における直読消滅に関わっているのは確かであること、しかし少なくともそれだけが儒学界における直読消滅の原因となっているわけではないこと、というより、それが主因ではないことを間接的ながら物語っている。

とはいえ、朝廷、大学寮が儒学界における直読に深く関わっていたことや、朝廷などが衰退したこと、そして儒学界で直読は完全に消滅したことなどは事実である。一方、大学寮で直読教育を直接行うのは音道の音博士である。したがって、よしんばその周囲が訓読のみとなっても音博士が漢音教育を行っている限り、大学寮はもとより儒学界から直読が消滅することはなかったはずである。これはまた朝廷、大学寮との関係を抜きにして直読の衰退、消滅のことはやはり語れないことを明示している。

これまでの考察をまとめると次のようになる。

朝廷また大学寮など、漢音直読を取り巻く環境に儒学界における直読の衰退、消滅の原因、少なくともその主因を求めることはできない。しかしながら、大学寮の管理下にあった直読の衰退、消滅についてはその周囲の関与もまた無視することはできない。

2—3　外因説の可能性と限界——内因説の検討へ——

前々項では日中間の外交関係から直読消滅を説明するのは難しいことを、また前項では朝廷や大学寮などとの関係を抜きに直読消滅は語れないこと、しかしそれが主因となっているとは言えないことを述べた。外交も朝廷などのことも直読を取り巻くものなので、それらに直読の衰退、消滅の原因を求める説を外因説と呼ぶことにすると、儒学界における直読消滅について外因説には次のような可能性と限界があるということになる。

外因説は、大学寮などの衰退との関連において直読消滅の原因の一部を説明できる可能を持っている。しかし、その起因が何かまで説明することはできない。

もとより直読と大学寮などの衰退との関係を穿鑿することは不可欠である。しかしながら、直読の衰退、消滅はあくまでも漢文の読み方に関わる変化である。そして、この漢文の読み方の変化については、訓読の成立、伸長ということが起こっている。ここにおのずと〈直読と訓読とは本来それぞれ別々の機能を負っているもの同士であるけれども、漢文をめぐっての両者の関わり合いの内に、直読消滅の起因、主因があるのでないか〉という可能性が浮上してくる。

外因説の限界が分かっている現時点においては、何よりもまずこの、直読と訓読との関係、すなわち漢文に即した、言わば内因説の当否の検証が急務となる。そこで、大学寮の衰退に関わる外因についての検討は後ほど改めて行うことにして、また直読は〈外国語文は外国語音で声読する〉という、一般的な外国語文の読み方の一例にすぎないのでさておくことにして、次章では内因説の可能性を確かめるために、平安儒学界における訓読の実際を垣間見ることにする。そしてそのための加点儒書として『白氏文集』を取りあげてみる。

第四章　平安時代の訓読

――『白氏文集』――

白楽天（七七二―八四六）著『白氏文集』の加点本は既に複数報告されている。その中にあってここで取りあげる一本は現存最古の加点本であり、しかもその加点者や加点年代が明確であることから、一つ訓読史研究だけでなく日本語史資料としても広く世に知られている。以下、本書では次の一節とその訓読を平安時代儒書加点文献またその訓読の代表として取り扱うことにする。

1　『白氏文集』「新楽府」「海漫々」

海漫々直下無底旁無辺雲濤煙浪最深處人伝中有三神山

［加点本文］

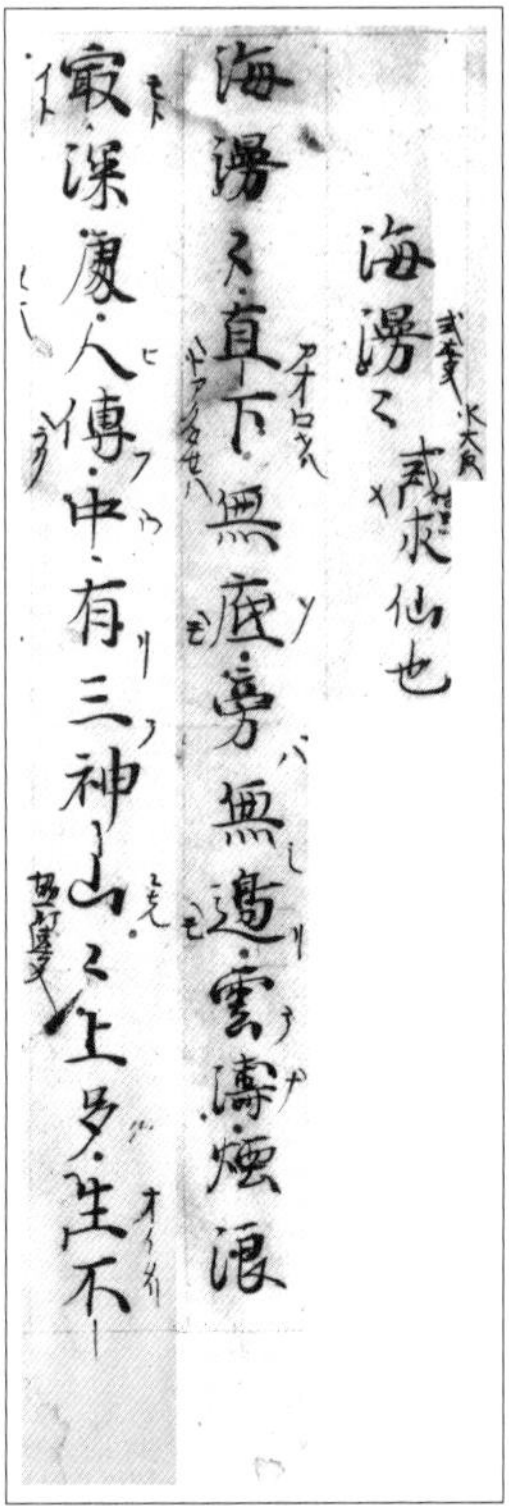

図1　加点本文

◆太田次男・小林芳規 一九八二『神田本白氏文集の研究』勉誠社

◆京都国立博物館蔵。神田喜一郎旧蔵。文章博士・藤原茂明（知明）一一〇七年本文写、一一一三年加点。

［翻字文］

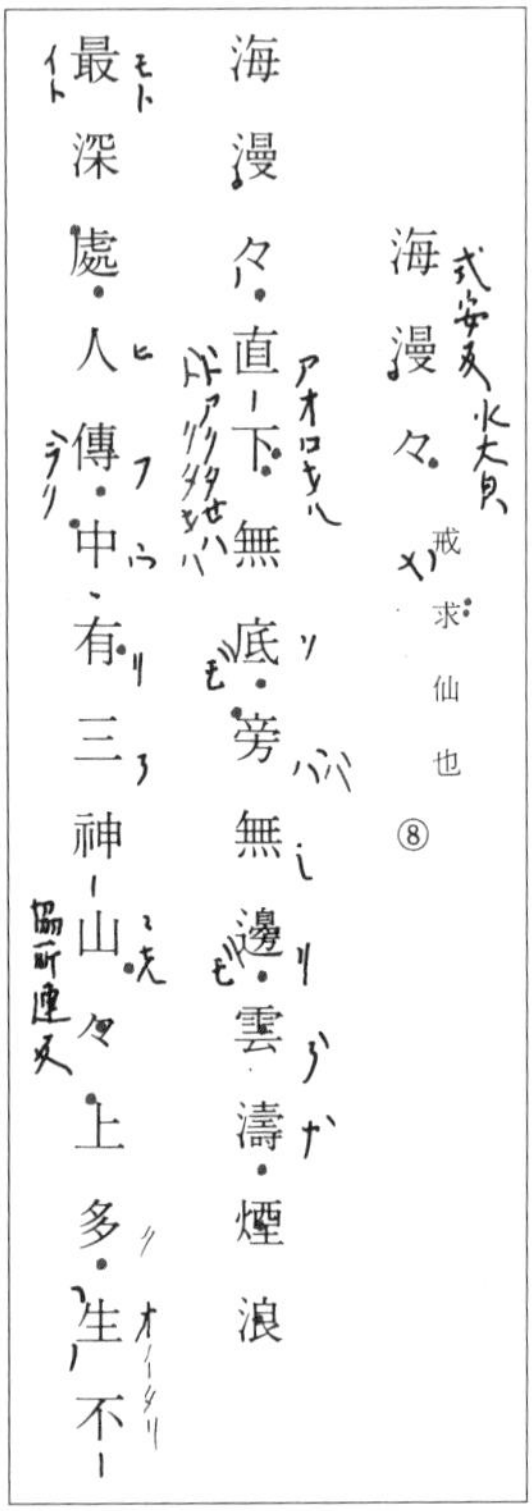

海漫々　戒求仙也　⑧
海漫々直下無底旁無邊雲濤煙浪
最深處人傳中有三神山上多生不

図2　翻字文

◆「翻字文」は右掲書（太田）による。

［本書使用本文］

海漫々・直下《ミオロ》無底《ソ》・旁無シ辺リ・雲濤《ナ》・煙浪
最《モト》深處・人《ヒ》伝フ・中《ウ》・有リ三ノ神山《音セン》

図3　本書使用本文

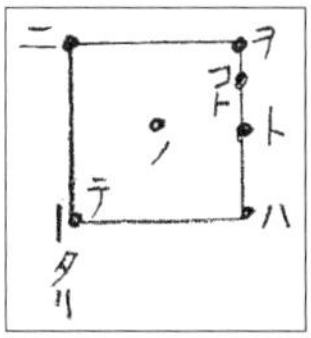

図4　ヲコト点図

◆訓読、訓読文などは原則として右掲書（小林）による。ただし、声点、合符は省略し、字体や表示の仕方なども私に変えた所がある。また、訓読に関わる議論が複雑になることを避けて、使用する訓点は「第一次」のヲコト点と仮名点などだけに限った。「それ以降」のものは必要に応じて参照する。なお、小林は訓読文に濁点は加えていない。すなわち以下、訓読文に関わる濁点はすべて本書の著者が加えたものである。

［訓読文］（［本書使用本文］の訓読文）

海漫々《カイハンハン》**たり**。直下《チヨクカ》**と**みおろセ**は**底《そこ》無《ナ》ク、旁《カタハラ》**に**辺《ホトリ》無《ナ》し。雲《クモ》**の**濤《なみ》、煙《ケフリ》**の**浪《ナミ》**の**最《もと》モ深《フカ》キ處《トコロ》**に**、人伝《ひとつた》ふ、中《うち》**に**三《ミツ》の神山《シンせん》有《ア》り**と**。

◆ヲコト点はゴシック体、仮名点は平仮名、また補読は片仮名でそれぞれ表した。なお「山」の「せん」はその注「音せん」による。

◆以下、本訓読文＝直訳文を［訓読文］と表す。そして時に応じて「海漫々たり。直下とみおろせば底無く」「かいばんばんちょくかとみおろせば」などとも表記する。

ここで取りあげた『白氏文集』「新楽府」においては全体にわたって訓や助詞助動詞また活用語尾などを表すヲコト点や仮名点、及び字音注や声点などが複数回にわたって加えられている。その結果、文面においては複数の相異なる直訳文が呈示されていることになる。これはこの『白氏文集』も他の外国語文献の場合と同様、一原文について複数の相異なる翻訳文が成立していたことを示している。

2　直読の可能性

この『白氏文集』が書写、加点された平安後期、十二世紀の初期、この加点漢文において直読も行われていたのだろうか。釈奠での直読を語る『江家次第』の著者匡房の没年は一一一一年である。したがって、儒学界ではなお直読が行われていた可能性が高い。しかも加点者は大学寮の教官である。ちなみに字音に関わる加点は「訓読文」では省略したが、「直下」「神山」には音合符が、「漫」字には平声点がそれぞれ認められる。また「山」の「せん」はこの漢字へ加えられた音注の「音せん」である。これらは直読のためのものなのかもしれない。しかしながら、これらをもってこの一文が「かいばんばん　ちょくかぶてい…さむしんせん」などと読まれていた証拠とすることはできない。なぜなら、匡房や加点者についての情報は、もとよりこの本文が直読されたということの証拠にはならないし、また符号や注記は［訓読文］＝直訳文の中に現れる漢語の読み方を指示しているものかもしれないからである。そして、声点も〈当時の訓読において は漢語について字音そのものだけでなく声調も正しく発することが求められていたので加えられた〉とも解釈できるからである。とはいえ、直読が行われていなかったと断言することもまたできない。結局、文面による限り、この『白氏文集』においては『宇津保物語』「古文《こぶみ》」におけるような併存があったのか否か、判断できない。

3　訓読と訳読との比較

『白氏文集』における併存の有無は分からないが、この儒書においても最終的には直読消滅、訓読残存となった。このことは併存の時代において訓読が直読を圧倒していたこと、訓読には直読に勝る（と漢文関係者に判断される）メリットがあったことを示している。それは何か。直読は漢文とその声読とから、また訓読は直訳文とその声読とからなることによると、それは文か声読かのいずれか、あるいは双方に関わっているはずであるということになる。

外国語文の、その外国語音による声読と、その翻訳文の、その翻訳語音による声読とは併存する、併存しうる。そして、それが実際に行われるか否かにかかわらず、前者が消滅するなどということは普通、起こらない。当然、繰り返し述べてきたように、本来、直読と訓読も併存可能であったはずであり、そして実際、『宇津保物語』や『北山抄』などを通じて平安時代儒学界において併存が成立していたことが確認される。また、今日、直読が行われている一部仏典においても訓読が行われないわけではない。さらに今日、儒書が現代中国字音で直読されることもある。しかし、平安時代以降のある時から、こと儒学界においては、とにもかくにも旧音である漢音による直読は消滅し訓読のみとなった。そして、当然のことながらこのことは、漢文においては後発の訓読が既存の直読を消滅させたという解釈を生むことになる。それと同時に、翻訳文の声読ということにおいては訓読と同じ訳読は通例原文声読とともに併存し続けるということともある。これらのことはあいまって、次のような解釈をも生む。

訓読には訳読には見られない何かがあり、あるいは訳読にはある何かが欠けており、それが原文声読＝直読を阻むもの、あるいはそれに勝るものを訓読に与えているのではないか。そして、その何かが、漢文について直読を消滅に導く糸口となったのでないか。

もちろん、その何かは〈直読から訓読へ〉という変化の原因に関わっているはずである。そこで、このことに関わる情報を求めて『白氏文集』に沿いながら、まずは訓読と訳読とを比べてみて訓読特有の性格なり特徴をとらえてみることにする。

4　訓読と訳読（1）——文・声読——

次の表は、訓読の特色を明らかにするために直訳文＝訓読文としては『白氏文集』の［訓読文］を、また訳読文としては英文和訳文などをそれぞれ例にとって作ったものである。この対照表を脳裏に置いて、以下、文と声読両面から訓読を訳読と比べてみる。

外国語文	翻訳文＝［訓読文］＝直訳文
海漫々直下無底	海漫々・直下《ミオロ》・無底《ソ》＝海漫々《カイハンハン》たり。直下《チヨクカ》とみおろせは底《そこ》無ク

外国語文	翻訳文＝訳読文
This is a book	これは本です
海漫々直下無底	海は漫々としている。直下をみおろすと底がなく

4—1 文

「かいばんばんたり…」またその他、別の漢文の別の直訳文を見ると、真っ先にそれらはすべて文語文であるということが目にとまる。しかし、翻訳文が文語体であると原外国語文が圧倒されるとか、その声読が、原外国語文の原外国語音による声読を排斥するなどということは起きていない。例えば、口語文がかなり広範囲に用いられるようになった明治時代以降においても外国語文の文語訳はしばしば行われた。しかし、文語翻訳文またその声読によってその原文またその声読が衰退したなどということは起きていない。加えて、直訳文も当初から文語文ではなかった。平安時代を通じて文語的な色彩を増していった結果、今日見るような文体になったことが既に訓読語研究において明らかにされている。

以上、訳読文と直訳文との比較、つまり直訳文が文語文であることを通して直訳文の原文である漢文の声読=直読の衰退に関わる情報を得ることはできない。

文語文ということ以外に、文そのものにおいて直訳文と訳読文との間に異なる所などあるようには見えない。これはともに日本語による翻訳文である直訳文と訳読文を比較してみても、直訳文の声読である訓読が異言語文の声読である直読を排除するに至ったことに関わる情報を得ることなどできないことを示している。

4―2　声読

声読において直訳文を訳読文と比べてみても、両者の声読はとも日本語文の日本語音によるものなので、そこに直読消滅などに関わるような情報を見いだすことはできない。

4―3　相違と情報

訓読［直訳文・声読］と訳読［訳読文・声読］とについて、文と声読両面からの比較を試みたが、訓読について注目すべきような特色など浮上してこなかった。当然のことながら、訓読の直読排斥に関わる情報も得られなかった。しかし、直訳文やその声読に関して生じた〈直読から訓読へ〉という変化と同様なことは、とにもかくにも訳読文や訳読などについて起こってはいない。したがって、今声読はその対象となる文の変化に従って変わることを考慮すると、両者間、というより両文間にある何らかの相違の中にはやはり変化に関わる情報が何かしらあるはずであるとしか考えられなくなる。そこで、今度は文に焦点を当てつつも文そのものと声読以外の面とにおいて『白氏文集』の訓読を訳読と具体的に比べてみることにする。

5　訓読と訳読（2）——文・声読以外——

文そのもの、またその声読以外のことにおいて『白氏文集』の直訳文を訳読文と比べてみると、当然のことながら紙面における両者の違いが即座に目に入ってくる。それが際立っていると思われる所を取り上げてみると以下のようになる。

5—1　紙面における相違

文が呈示されている紙面における相違は次の二点にまとめられる。

5—1—1　呈示場所

直訳文「海漫々たり。直下とみおろせば底無く、旁に辺無し」は、漢文文面「海漫々直下無底旁無辺」の言わば上に掲げられた「海漫々・直下《ミオロ》無底《ソ》・旁無シ辺リ」において呈示されている。一方、直訳文と同じく翻訳文であるが、例えば訳読文「海は漫々としている。直下を見下ろすと底がなく」は多かれ少なかれ原外国語文「海漫々直下無底」から離れた所に独立した一文として呈示される。

5―1―2　呈示方法

a漢文漢字の直接の使用

［訓読文］＝直訳文「海漫々たり。直下とみおろせは底無く」は、原漢文「海漫々直下無底」で使用されている漢字の直接的な使用のもとで呈示されている。そして、その漢字は時にはその字音（「漫々（ハンハン）」「直下（チョクカ）」）を、時にはその字訓（「底《そ》（そコ）」）を表すものとして用いられている。また訓読には使用されない漢字（不読字・置き字・捨て字・虚字）もある。その例としてはこれまで取りあげてこなかったが、題名「海漫々」（↓本章冒頭図）の注記「戒求仙也（仙《セン》ヲ求《モト》ム**ル**ことを戒《イマシ》メ**たり**）」における「也」がそれである。一方、訳読文の場合はもちろん原文中の文字との直接的な接触など一切ない。

b訓点の使用

直訳文の呈示のために漢文文面において漢文漢字に訓点（ヲコト点・仮名点等）が付されている。例えば「海漫々・直下《ミオロ》無底《ソ》」の「漫々」の「々」の左下には「たり」を表す縦の棒線の、また「下」の中程右と下部右にはそれぞれ「と」「は」を表す丸いヲコト点が施されている。なお、また、「直下」「底」の右側にはそれぞれ仮名点「みおろ」「そ」が加えられている。一方、訳読文はもちろん先に述べたように「漫」には左下に平声を表す点が付されている。

訓点とは無縁である。

c 読み順

直訳文の呈示は漢文中の漢字が利用されて行われるため、文面から日本語文としての直訳文を作り出す際には、漢字の取りあげ順＝読み順が漢文のそれと異なる場合が往々にして生じることになる。例えば「無底」は直訳文＝［訓読文］では「底《そコ》無《ナ》ク」と漢字を逆転させている。またaで紹介した「也」のように、直訳文には用いない漢字もあれば、引用した『白氏文集』の部分には見られないが周知の二度読む漢字（再読字）などもある。一方、訳読文の場合は文頭から順に読んでいくだけである。

5―1―3　呈示における相違と情報

右に述べてきた、呈示場所や呈示方法などにおける［訓読文］＝直訳文と訳読文との違いに、訓読の進展、直読の消滅などに関わる情報があるのかどうか。残念ながら、少なくとも現段階においてはその相違に直読の衰退などについて何か関わっている所があるのかどうか、判然としない。ちなみに、訳読文は日本語の語順に従って語句が並べられているので、紙面における語順においても直訳文と訳読文とは異なることになる。しかし、それが直訳文声読、つまり訓読の、漢文声読つまり直読圧倒に関わっているのか否かもまた不明と言わざるをえない。

ところで、紙面における文呈示上の相違はさらに例えば次のような相違をも生み出している。〈直訳文の呈示には紙面にそのための場所を新たに用意する必要はないが、訳読文の場合それが必要である〉〈声読の際における視点の移動において、直訳文の場合それがはなはだしいが、訳読文の場合はさほどでない〉など。しかしそれらにおいても、そこに訓読の進展などに関わる情報があるのかないのか、現段階においてはやはり判然としない。

また、呈示場所や方法などにおける相違は、当然のことながら呈示された文の読み方における相違をも生み出すことになる。訓読の場合、直訳文は漢文上に漢文中の漢字と訓点とによって呈示されているので、訓読者はいつも漢字はもとより漢字の上下左右また中央に視点を移動しつつ自ら直訳文を構成していかなければならない。時には前項で述べたように漢字を並んだ順に読んではいけない個所などもある。一方、訳読文の場合、通例それは原外国語文から離れた所に文字のみでもって、そして独立した一文として呈示されている。したがって、訳読者は並べられた順に文字を読んでいくだけである。文においてもその声読においても明らかに訓読は訳読より複雑、というより煩雑である。その結果、読み方の学習も含めて必要とされる労力の点においても訓読の方がはるかに負担が大きい。すなわち、訓読の方が訳読より読む人物への委託部分が多い。このように読むことにおいても両者間には相違があるが、ほかのそれの場合と同様にそれに訓読の成立、伸長などに関わる情報があるのか否かはやはり判然としない。

5—2　補読

〔訓読文〕で片仮名で表示している補読は、原則として小林（前掲書一九八二）の〔訓読文〕によっているが、訓読文においていかなる個所にいかなる補読を書き示すのかは訓読者に委ねられている。小林の場合、加点漢文において仮名かヲコト点で示されていない個所すべてを補読対象とし、その〔訓読文〕においてはそこに何らかの仮名を当てている。もちろん本書の補読もそれに従っているが、補読は訓読者の任意によるということから「海漫々《カイハンハン》**たり**」に対して「海漫々《マンマン》**たり**」「海漫々**たり**」などというのも当然ありうることになる。いずれにしても、訓読文紙面における補読付加の有無多少に関わらず、加点漢文において訓読者は、紙面に直訳文の一部を表す漢字の読み方が明示されていなかったり、さらに彼においてそこに当てるべき語（の一部）が判然としていない個所などがあったとしても、声読に際してはそこに何らかの語（の一部）なり音を当てて読み進んでいくことになる。これは加点漢文で表される直訳文＝訓読文は声読においてその最終的な姿形を表すということ、直訳文の姿形が確定するのはその声読においてであるということを示している。と同時に、補読は視覚に訴える紙面の文と音声を通じて聴覚に訴える文の双方に関わるものであるということを述べている。そこでここで一旦、文と声読それぞれにおける比較から補読を切り離して、まず最初にその大概をとらえ、そしてその後改めて補読における訓読と訳読との比較を行うことにする。

6　訓読と訳読（3）――補読――

前節末で述べたように、補読は訓読に際して訓点によってその読み方やそこに来る語（の一部）あるいは音などが紙面に明示されていない所について行われる。ただし、訓読者が自身の直訳文を一般的な漢字仮名交じり文で書き表す際、つまり訓読文なり書き下し文で書き表す時においては、補読のどこまでを紙面に書き示すのかは彼に任されている。したがって、紙面におけるその多少が訓読者によって異なるのが普通である。ちなみに、［訓読文］の場合、先に述べたように訓点によって明示されていない所はすべて補読対象部分となっているので、当然その数も多いことになる。本書での表示では片仮名の所がそれに当たる。

海漫々《カイハンハン》たり。直下《チヨクカ》とみおろセは底《そコ》無《ナ》ク、旁《カタハラ》に辺《ホトリ》無《ナ》し。雲《クモ》の濤《なミ》、煙《ケフリ》の浪《ナミ》の最《もと》モ深《フカ》キ處《トコロ》に、人伝《ひトツタ》ふ、中《ウチ》に三《ミツ》の神山《シンせん》有《ア》りと。

補読は冒頭の「海」の「カイ」から末尾近くの「有」の「ア」まで、ほぼ全体にわたって分布している。その片仮名と、仮名点を表す平仮名、そして本書では仮名点に準じるとするヲコト点を表すゴシック体の平仮名の部分をすべてつなぎ合わせると、次のような、[訓読文]の表音文字表記文すなわち仮名書き文ができる。

カイハンハン**たり**。チョクカ**と**みおろセ**は**ソコナク、カタハラ**に**ホトりナし。クモ**の**ナミ、ケフリ**の**ナミ**の**もとモフカキトコロ**に**、ひトツタふ、うチ**ニ**ミツのシンせんアり**と**。

一目の内に補読部分＝片仮名部分が[訓読文]の半分以上を占めていることが知られる。

もとより[訓読文]＝直訳文は、現代の訓読者が加点漢文から加点者における漢文の翻訳文＝直訳文と推定される文を、一般的な漢字仮名交じり文に直して書き記したものである。したがって、当然、それぞれの訓読者のそれぞれの訓読文には補読についても個人差が出てくることになる。その違いは、右に見た、補読の多寡だけでなく、補読に用いる語（の一部）についての違いとなって現れてくる。そのことについては前節末（5―2）でも述べたが、例えば「海漫々」について「海」や「漫々」は文脈からおのずとその読み方が分かると判断する人物の場合なら、それらに「かい」や「ばんばん」などを書き加えないことになる可能性が高い。当然その結果、

［訓読文］より彼の作った訓読文「海漫々たり…」の方が補読が少なくなることになる。ただし、もちろんこれはあくまでも文字表記における相違である。訓読者が「海漫々たり」は「かいばんばんたり」と読むと決めれば、実際の声読においては「海漫々たり《カイハンハン》」であれ「海漫々たり」であれ、ともに「かいばんばんたり」と発せられることになる。

しかしながら、ここで問題となるのは、「海」「漫々」には例えば「うみ」「まんまん」などという読み方もあることである。これは「海漫々」には「うみまんまんたり」あるいは「かいまんまんたり」などの可能性もあることを示唆している。言うまでもなく、これは日本の漢字の、一字で複数の語（の一部）を表すという性格によって生じる違いである。この性格については後ほど述べるが、このことは、訓読文においても一般的な漢字仮名交じり文の場合と同様、漢字の補読に当てるべき語や音の選択において訓読者や訓読文間に相違が生じる可能性が常にあるということを述べるものにほかならない。そして訓読文＝直訳文はもとよりその呈示のあり方に関わっているという点において看過できないものである。

ところで、［訓読文］の補読はおおまかに分けると、今取りあげた漢字に関わるものと、助詞助動詞また活用語尾などに関わるもの、これを送り仮名と呼ぶことにすると、それとの二種類あるということになる。以下、［訓読文］参照のもとで『白氏文集』の訓読において両者の整理をしつつ、補読における訓読と訳読との比較を行ってみることにする。

6−1 ［訓読文］の補読

6−1−1 漢字

a 全体補読一七：海《カイ》・漫《ハン》・々《ハン》・直《チョク》・下《カ》・無《ナ》（ク）・旁《カタハラ》・無《ナ》（し）・雲《クモ》・煙《ケフリ》・浪《ナミ》・深《フカ》（キ）・處《トコロ》・伝《ツタ》（ふ）・三《ミツ》・神《シン》・有《ア》（り）

b 一部補読 五：底《そこ》・辺《ホトり》・濤《なみ》・人《ひと》・中《うち》 ＊仮名点に補読が加わったもの。

表語文字である漢字は日本では古来複数の語（の一部）を表わしている。すなわち、古代奈良時代以前から字音と字訓とを持っていた。そして少なくとも奈良時代には字音として呉音と漢音とを持っていた。一方、字訓の数はよく分からないが字訓の源はその漢字の翻訳語として用いられた日本語にあるので、各漢字についても既に奈良時代以前から複数の字訓を持っていたとして大過ない。

語は音からなる。この点において日本の漢字は古来、一字複数音の文字であったということになる（湯沢 二〇一七）。一字複数音は一漢字でいろいろな語（の一部）、またその音を表せるということにおいては有用である反面、ある使用個所においてその漢字がいかなる語、いかなる音を表しているのかが必ずしも明確でないということを往々にして引き起こす。その典型は地名や人名に用いられた漢字や、それにも関わって当て字などに見られる。ただし、文字表記についてはもとより書記者と読者との間に必ず共通理解が成り立っている。また、これに関わって文脈などによってその漢字がその使用個所においていかなる語を表しているのが容易に分かる場合もある。したがって、補読が文面の漢字に記されていなくてもそれに当てるべき読み方の選択にいつも戸惑うというわけではない。

いずれにしても、読者はある漢字に出合った時には意識的にせよ無意識的にせよ、必ずその複数の音の中のある一つを選択する、選択せざるをえなくなる。そして今日と同様、古代においてもその選択に迷うことが往々にしてあったとしか考えられない。それは今日における訓読文において訓読者が異なると補読も多かれ少なかれ異なることを通してもうかがわれる所である。

以上、とにもかくにも一字複数音は必然的に訓読者による補読の相違を生み出す源となっている。

さて、『白氏文集』引用本文において自身が直接補読の対象となっている漢字は二二例、その内の「b一部補読」の五例「底《そコ》・辺《ホトリ》・濤《なミ》・人《ひト》・中《うチ》」は、その一部とはいえそれが訓点で示されていることからその読み方が明示されている例と解釈することもできる。また「a全体補読」一七例においても実は「無《ナ》（し）」「伝《ツタ》（ふ）」「有《ア》（り）」の三例はそれぞれの漢字に加点されている訓点「し」「ふ」「り」によってそれぞれの読み方が明示されているとも解釈することができる。これに従うと、「a全体補読」一七例は一四例と、「b一部補読」は零となる。

6―1―2　送り仮名――「無《ナ》ク・最《もと》モ・深《フカ》キ」――

形容詞の活用語尾に当たる、「無《ナ》ク」の「ク」と「深《フカ》キ」の「キ」、また副詞「最《もと》モ」の送り仮名「モ」は、それぞれの補読部分に当たる。『白氏文集』「海満々」の引用本文二四漢字の中の三漢字三個所において送り仮名に相当する訓点がないということは、そのようなことがこの文献、さらには平安時代当時における加点儒書においては決して例外でなかったことを示唆しているように思われる。ただし、「最《もと》モ」の末尾の「モ」は「最」の訓点「もと」からおのずと分かると解釈すると、これは送り仮名補読例でなく前項、漢字b「一部補読」の一例とすべきもの、さらには補読対象外とすべきものともなる。そこで、以下の考察においては除外することにする。

残り二例を見ると、ある活用語において活用語尾の数には限りがあることや、多く文脈にいずれの語尾を当てるのかの情報があることなどから、補填すべきものの特定は簡単だったたのでないかと推察されなくもない。もし二例ともそれであったとすると、文脈などからおのずと知られることなので加点者はそれをあえて紙面において明示しなかったということになる。

6―2　補読使用語選択の実際

直訳文における漢字については、その一字複数音という性格から補読が必ずしも容易に行えないということもしばしば生じたはずである。ましてや今日において古い時代の加点文献の直訳文を復元するということになると、判断に苦しむ所が次から次へと現れてくることが予想される。先に取りあげた「海」「漫々」などは、もしかしたらその一例なのかもしれない。一方、送り仮名の場合はどうか。補読に苦しむ場合など実はあまりなかったのかもしれない。否、少なからずあったのかもしれない。同様の問題は漢字仮名交じりの訳読文においても多かれ少なかれ生じてくるはずである。そこで補読において両者を比較する前に、これまでと同じく［訓読文］を参照しつつ、『白氏文集』から「海」「漫々」などいくつかの具体例を取りあげて補読の実際を垣間見、その後それを踏まえて補読における直訳文と訳読文との比較を試みることにする。

6―2―1　漢字――「海」「漫々」――

本文冒頭の「海漫々」の「海」と「漫々」については、先に挙げた問題に加えてほかの難問も突きつけられる。

①「海《カイ》」

［訓読文］の補読は字音「カイ」。しかし、例えば和語「うみ」では不都合なのか。いずれが妥当なのかを決める手段があるのかどうか。現時点においては絶対の根拠など求めようがないように見える。ちなみに現代の訓読においては「うみ」が当てられていることが多いようである。

② 「漫々《ハンハン》」

儒書は本来、漢音が原則ということから［訓読文］では補読として「ハンハン（バンバン）」が用いられている。「漫々」の一字目左下には平声点が付されていること（四冒頭図）、二字目は踊り字であること、その踊り字左下にはヲコト点で「たり」が加えられていることなどから、「漫々」に字訓の可能性はないが、以下のようなことを考え合わせると、「まんまん」が妥当でないかとも考えられる。

ⅰ 一般に「漫」については漢音は「ばん」、呉音は「まん」とされている。それは「漫」が『広韻』「莫半切（換）去声」、『韻鏡』外二四合一等明母字であること、明母字は通例、呉音マ行、漢音バ行で現れることによる。しかし、鼻音韻尾字の場合、例えば〈明母字「明」「命」の呉音は「みやう」、漢音は「めい」〉、〈泥母字「寧」の呉音は「にやう」、漢音は「ねい」〉などとマ行やナ行が現れることもある（有坂 一九五七）。つまり、「漫」字の場合、漢音も「マン」である可能性がある。

ⅱ 「漫」字は『広韻』去声字である。ところが、『白氏文集』の「漫」には平声点が加えられている。去声字の場合、呉音は多く平声となる。したがって、これはこと声調においてはここでの「漫」字の字音は呉音であるとするのが妥当ということになる。呉音はもちろん「まん」である。

ちなみに、「神山」の「山」には「音せん」が加えられているが(四冒頭図)「せん」は呉音である。これは『白氏文集』においては例外的に呉音が用いられていること、「漫々」に呉音としての「まんまん」が用いられたとしてもそれは必ずしも異例ではないことを示唆している。「漫々」に「まんまん」を採用しても特に問題は生じない、というよりこれを当てるべきでないかと思われる。とはいえ、それでもなお〈儒書は漢音、一般に「漫」の漢音は「ばん」とされていること〉もまた一方の事実である。なお、今日の訓読では「まんまん」もごく普通に見られる。ただし、それが本書の述べたような根拠によっているのかどうかは不明である。またもちろんいずれが『白氏文集』加点者における「漫々」の読み方に合っているかどうかも分からない。

〔コラム：儒書呉音使用〕

「神山」の「山」の注記「音せん」は、漢音使用が原則の儒書における呉音使用例として注目に値する。もし訓点なり注記なりで「せん」が指示されていなければ、「山」は漢音で「さん」と読まれる所である。注記付与は、この「山」については儒学界においても例外的に「せん」が定着していたことを反映している。ちなみに、「神」には訓点も注もないが、［訓読文］が採用している〈『白氏文集』は原則漢音〉に従うと、「神山」は漢音呉音の組み合わせである「しんせん」ということになる。しかし「神」も呉音の「じんせん」だった可能性もなお残されている。

6―2―2　送り仮名――「無《ナ》ク・深《フカ》キ」――

□で囲んである所は、加点漢文において送り仮名無、しかも文脈からその無の所に補塡すべきものが即断できないと思われる個所である。

海漫々《カイハンハン》たり。直下《チヨクカ》とみおろせは底《ソコ》無《ナ》［ク］、旁《カタハラ》に辺《ホトり》無《ナ》し。雲《クモ》の濤《なミ》、煙《ケフリ》の浪《ナミ》の最《もと》モ深《フカ》［キ］處《トコロ》に、人《ひト》伝《ツタ》ふ、中《うチ》に三《ミツ》の神山《シンせん》有《ア》りと。

① 「無《ナ》ク」

［訓読文］は「無《ナ》ク」と「ク」を送っている。意識的にであれ無意識的にであれ、それは訓読者において次のようなことが積み重ねられた結果を示している。

a古来「無」は字音として「む・ぶ」、字訓として「なし」その他を持っている。

b 「無底《そ》」は「底」の訓点「そ」からして二字漢語ではない。

c 「直下無底旁無辺」という一連の漢字、またそれが表している意味などから「無底《そ》」は返読すべき所である。

d 「直下無底《そ》」と対になっている後接の「旁無辺」の「無」には、それを「無《ナ》し」と読むべきことを示す訓点「し」が加えられている。これはcと関わって「無辺」、さらにはこれと対になっている「無底《ソ》」も返読して「底無《そコ》シ」なり「底無《そコ》ク」と読むべきことを示唆している。

なお、「無底《ソ》」の「無」を「無《ナ》ク」とすることについては、訓読者が〈「無底《ソ》」で文が切れるわけでない〉と判断したことを反映している。ただし、その根拠がどこにあるのか判然としない。唯一明らかなのは、訓読者が「直下無底旁無辺」は「直下無底」「旁無辺」、二つの文からなるものでなくして一つの文であると判断していることだけである。当然のことながらここに〈それは二つの文からなるものである。すなわち「底無《そコナ》シ」と訓読できないか〉という見方が提出されることになる。ちなみに、そのように解釈しても「直下無底」と「旁無辺」との対の関係は壊れない。また現在の『白氏文集』の注釈書の中には「無し。」としているものもある。

この、送り仮名「ク」「シ」の選択に関わる議論は早々に決着がつきそうにもない。その根本的な原因は、もとより「無底《そ》」の「無」への無加点にあるが、なぜ無加点なのか、その理由が明確でない。とはいえ、どちらが妥当かの議論は議論として、実際に訓読をする者はいずれかに決定しなければ訓読を行うことができない。［訓読文］の原作者小林（一九八二）もあるいは苦渋の決断を迫られたのかもしれない。

ちなみに、原文において句読点の類は、「無底」と「無辺」それぞれの下字中央下に墨筆で同じ点が打たれているだけである（本章冒頭図1）。したがって、そこにいずれを是とするかについての情報を求めることはできない。また、「無底《ソ》」の「無」には「第一次」の加点しか行われていない。

② 「深《フカ》キ」

加点は十二世紀初めである。したがって、［訓読文］「深《フカ》キ處《トコロ》」の「深《フカ》キ」の「キ」の所に音便形を作る「イ」を送ることもできなくはない。いずれが妥当か。文脈を見ても参考になりそうなものはない。なお、［訓読文］の訓読者は音便形は採らないという方針のもとでそれを作っている。また「無底《ソ》」の「無」の場合と同様、「深處」には「第一次」以外の訓点は加えられていない。

6—3　補読における訓読と訳読

漢字における一字複数音は古来変わることがない。また、送り仮名のことは今日においてもなお一定していない所がある。これは漢字仮名交じりで書かれる訳読文の場合も補読については、訓読文と基本的には同様の問題が生じてくることを明言している。特に漢字の場合、現在の訳読においても、その補読個所＝漢字にいかなる字音なり字訓を当てるべきなのか、迷うことがしばしば生じてくる。「海漫々」について「海は漫々としている」という表記の訳読文を作ったとしても、「海」についても「漫々」についても先述のような問題がすべて解決済みとなっているわけではない。ちなみに、この頃は日常生活においてその漢語なりその漢字に多く呉音が使用されている場合、儒書の中の漢語や漢字についても呉音がごく普通に用いられるようになってきている。

君子《くんし》は和《わ》して同《どう》ぜず、小人《せうじん》は同《どう》じて和《わ》せず（『論語』）

少なくとも何十年か前までは「和」に「くゎ（か）」、「同」に「とう」という漢語を用いた訓読文も作られていた。また現在もそのような読み方が完全に消滅したとは言い切れない。

以上、漢字についての補読では訓読、訳読双方において同様のことが問題となってくる。そしてそのことについて特に指摘しなければならないようなことは見られない。

一方、送り仮名、活用語尾については異なる所があると言わざるをえない。

① 「無《ナ》[ク]」（「無底《そ》」：「底《そコ》無《ナ》□」）

文脈は明らかに「無」字に「ク」あるいは「シ」が後接することを示している。しかし、いずれが妥当か、そこに送り仮名がないので決めかねる。先に述べたように、加点漢文「無底《そ》」を「底《そコ》無《ナ》ク」と解釈すれば、これを含む語句はなお後ろに続いていくことを、「底《そコ》無《ナ》シ」とすればそこで文が終わることをそれぞれ表すことになる。語句や文の切れ続きはそのままその意味内容の切れ続きになるので、いずれを送るのかは意味内容の伝達、把握にも影響を与えることになる。

直下《チヨクカ》**と**みおろセ**は**底《そコ》無《ナ》ク、旁《カタハラホトリ》**に**辺無《ナ》し。

直下《チヨクカ》**と**みおろセ**は**底《そコ》無《ナ》シ。旁《カタハラホトリ》**に**辺無《ナ》し。

両者は全体としての意味内容ほぼ同じである。しかし、「底《そコ》無《ナ》ク、旁《カタハラホトリ》**に**辺無《ナ》し」と「底《そコ》無《ナ》シ。旁《カタハラホトリ》**に**辺無《ナ》し」とは、述べてきたように明らかに意味内容が異なっている。例えば「直下《チヨクカ》**と**みおろせ**は**」は、前者の場合であれば後行の「底《そコ》無《ナ》ク、旁《カタハラホトリ》**に**辺無《ナ》し」全体にかかっていく可能性を示している。これに対して、後者の場合「底《そコ》無《ナ》シ」だけに関わっている可能性大である。また、文の切れ続きの相違に伴うそれぞれの音的な響きやニュアンスの違いも、意味内容の伝達に微妙な相違を醸し出す。文を書く人物は自身の文をより明確に書き記すことを志向する。したがって、例えば現代の訳読文の場合であれば、必ずや「直下には底がなく、旁には辺がない」、あるいは「直下には底がない。旁には辺がない」と書き分けられる所である。著者には平安時代の漢字仮名交じり文における送り仮名についての精査がないけれども、当時においても意味伝達に重要な役割を果たす、「無□」の「□」の部分に「く」なり「し」を送らないなどということはまずなかったと言ってもよいのでないだろうか。ささやかながら『白氏文集』における「無底《そ》」の一無」無加点は、文の呈示の仕方における訓読と訳読との間の相違の一例と言ってよいのでないかと思われる。

②「深《フカ》[キ]」（「深處」：「深《フカ》□處《トコロ》」）

「深處」の場合、それが二字漢語か否か、また「深き處」なのか「深い處」なのかが一見、判然としない。しかし、二字漢語でないことは文脈つまり次の二点からうかがい知られる。

a引用の一文にあって「處」以前に場所を表す漢字は「底《そ》」「旁」「辺《り》」の三字あるが、すべて一漢字語で、しかもその内の二字「底《そ》」「辺《り》」にはその読みが和語であること示す訓点が加えられている。

b音合符は「深處」の前後にある、それぞれ「直下」と「神山」に加えられている（四冒頭図）。しかし「深處」にはそれがない。

ただし、「深キ處」なのか「深イ處」なのかはやはり不明である。両者間の相違は文の意味内容の違いには深く関わっていないとしても、音的な印象や新旧に関わるニュアンスなどを左右したはずである。ひるがえって、今日の漢字仮名交じり文だけでなく古い時代のそれにおいても、「深處」の「深」には必ずや「き」なり「い」が送られる（た）に違いない。

以上、「無底《そ》」も「深處」も加点漢文における直訳文の再生、訓読において、文脈を参照してもそこにいかなる語の一部、送り仮名を補填すべきか、容易には解決できそうにもないことが分かった。その点においてこの二例は見過ごせない。

ちなみに、「海満々」本文は本書が引用した部分の二四字とその他の部分の一一二字からなるが、後者において「無《ナ》ク」などのように自立語の活用語尾（の一部）に補読が必要な所は七個所ある。

信《シン》シて・聞《キ》ク・無《ナ》シ・穿《ウ》ケなむ・敢《ア》へて・老《オ》イたり・虚《むナ》シく

これらの内、「信《シン》シて・穿《う》ケなむ・敢《ア》へて・老《オ》イたり・虚《むナ》シく」の場合、「信・穿・敢・老・虚」に加えられた訓点それぞれ「て・なむ・て・たり・く」から、そこに補填すべきものがそれぞれ「シ・ケ・ヘ・イ・シ」であることが容易に分かる。したがって、それらについては〈文脈から即座にその活用語尾（の一部）が分かる〉ので、その加点を省略したと解することができる。

しかし、「聞《キ》ク・無《ナ》シ」はそのような文脈にはない。

「聞名ノミ」（「名をのみ聞□）
「無覓《ルニ》處」（覓《モトム》るに處《トコロ》無《ナ》□）

6―4　無加点の理由――失念説と委託説――

訳読文も含めて一般的な漢字仮名交じり文との比較は、〈原則として補読が必要な漢字はともかくとして、「無底《ソ》」の「無」や「深處」の「深」などのあることは、こと送り仮名について『白氏文集』の直訳文は通例の漢字仮名交じり文より判然としない所が多いのでないか〉ということを示唆している。

ところで、本書で引用した『白氏文集』本文において、漢文中の漢字の読み方を示す自立語かつ活用語にあって語尾不明示は「無底《ソ》」と「深處」の二例だけである。これに対して、それが訓点で示されているのは「漫々《ハンハン》たり・無《ナ》し・伝《ツタ》ふ・有《ア》り」の四例である。二倍ある。ここに、〈その二例は加点失念か見落とし、あるいは放置の所でなかったか〉という解釈が提出される可能性が生まれてくる。しかしながら、加点においてその点検が行われないはずがない。実際『白氏文集』で加点は「第一次」加点以降においても行われている（小林一九八二）。また「点了」の識語もある。これらは加点者茂明において加点は完了していたことを物語っている。したがって、失念説を是とすることはできない。ということは、彼は二個所無加点を承知の上で「点了」にしたということである。とはいえ、不明示部分の発生がいかなる理由によるのかは依然として不明である。加点時に加点者に加点すべきものの判断ができなかったためなのかもしれないし、いずれでも可としていたのかもしれない。あるいは、これまでの考察からその説明の成立する可能性は低いと言わざるをえないものの、文脈からおのずと分かるはずであると判断していたのかもしれない。さらに別の理由によるのかもしれない。いずれにしても、そこが無加点であることと「点了」と書かれていることと、そして複数回加点が行われていることはあいまって、次のようなことを示している。

　加点者はそこにいかなる活用語尾を送るのかは自身も含めて訓読者に委ねていた。

　これはつまり忘却説、放置説などでなく委託説を採るべきであるということである。そこで以下、本書では「無底《ソ》」と「深處」の無加点については委託説を採ることにする。

　なお、本章冒頭で掲げた『白氏文集』本文の「直下」の右側には「みおろ」という仮名点がある。［訓読文］はこれに補読「セ」を、そしてヲコト点「**は**」を続けて「みおろセ**は**」とする。

漢文本文には「みおろセは」に直接対応する漢字がないので、これまでこの訓点を取りあげることはなかったが、「セ」が補読部分となっているのは次のような理由によると解される。〈加点者はそこに「セ」を送ることは後続の「は」からおのずから分かることであるとして、あえてそこに加点をしなかった〉。つまり「セ」は訓読者委託例ではないということである。ちなみに本章冒頭の図1、2では当初から「せ」が加点されているかのように見える。しかし実はその「せ」は「二次」以降の加点によるものである（小林一九八二）。

6―5　補読と文の完成・声読

『白氏文集』における「無底《そ》」の「無」は、文脈を参照しても「無く」「無し」いずれで読むべきなのか、決めかねるものである。このことは「深處」のような、これに類する例がほかにもあることとあいまって次のようなことを述べている。

　加点『白氏文集』の直訳文には、送り仮名に関してそこにいかなる語（の一部）、いかなる音を補填すべきか、それを明示する訓点のない個所がある。これは、その加点漢文の呈示する直訳文がその文字表記においてその一部を欠いているということ、すなわち、漢字仮名交じり文として必ずしも完成していないということを意味する。

文の一部分不明示ということはその部分だけが不明示ということに止まらない。それを含む直訳文が紙面において一目瞭然の形で呈示されていないということにほかならない。

送り仮名は常時不変というわけではない。現在でも「気持」と「気持ち」、「書留める」と「書き留める」などのような揺れはある。ただし、「無底《そ》」「無」のそれは文の切れ続きにまで関わるものなので、一般的な漢字仮名交じり文の場合であれば過去現在を問わず必ずや「無く」もしくは「無し」と書かれる、書かれたに違いない。

さて、最終的に「無く」なのか「無し」なのかが明らかになるのは声読においてである。訓読者は自分でいずれかに決めなければ声読ができない。それは実は例えば「海漫々」の場合も同じである。「かいばんばん（たり）」「うみまんまん（たり）」、いずれを採るべきか、決めるのは訓読者である。ただし「海漫々」の方は、声読する対象は漢字「海」「漫々」、加えて「たり」を表すヲコト点もある。したがって既にある程度明示されているということになる。訓読者に任されているのは実はその補読だけである。ところが、「無」の場合は、「海」や「漫々」のようなその補読の直接のよすがとなる文字や記号などない。あるのは文脈だけである、しかし、見てきたようにその文脈も頼りにできない。控えめに言えば余り頼りにならない。そのような状況の中で訓読者は声読の段階に入るや「無」について送るべきものが「く」なのか「し」なのかを決定しなければならなくなる。そしてそれとともに音声でもって「なく」なり「なし」を発しなければならない。「海漫々」などの補読より少なくとも補読のよすがとなる文字や訓点などがないということにおいて、訓読者はその補読により多くの労力を費やさねばならない。訓読の［直訳文・声読］という構成に照らし合わせると、これは〈訓読において「無」の声読は「海」「漫々」などのそれよりも難しく、そのため訓読者により多くの負担をかける〉ということである。また、文と、それを対象とする声読を主として言えば、これは〈加点漢文における直訳文の文字表示において不足している部分ないし不明示の個所、「無底《そ》」の「無」の活用語尾などは、音声でもってすなわち声読において補塡、補読される〉ということである。ちなみに、「補塡される」は加点者を中心にして言えば訓読者に「補塡させる」「補塡してもらう」、あるいは「委ねる」ということである。また訓読者を中心にして言えば「補塡させられる」「委ねられている」ということである。いずれにしても、注目すべきは加点漢文においては「無底《そ》」のような個所があるという事実、そしてそのような個所において加点漢文＝直訳文の声読は次のように文の作成にも否応なしに参加させられているということである。

　加点漢文において声読は、「無《ナ》ク」の「ク」のように文字やヲコト点などで明示されていない部分については何らかの語（の一部）を補塡して直訳文を作りつつ、同時にその直訳文を音声で発するという役割を負っている。

これは、〈訓読者は文字表記において視覚的に不明示の部分を音声的聴覚的に補いつつ直訳文の声読を行う〉ということにほかならない。そしてこのように声読が自身が対象とする文の作成にまで参加するということは、それだけ訓読において声読の比重、負担が重いということ、すなわち訓読はそれだけ訓読者に、より多くの負担と労力とを求めるということを物語っている。

6―6　声読における訓読と訳読

補読において訓読文＝直訳文と訳読文とを比べてみると、こと漢字の場合両者は基本的に同じである。これに対して送り仮名の場合、加点漢文には「無底《そ》」の「無」のように、訳読文であれば必ずやそこに送り仮名を付すに違いない所に訓点が施されていないことがある。それは直訳文の場合その完成、呈示においてそこにいかなる送り仮名を加えるのか、いかなる音を当てるのかの判断を全面的に訓読者に行わせる、ないし委ねている所があるということである。すなわち、声読の対象となる文の完成、呈示に関しては訳読文より直訳文の方が声読への依存度が高いということ、換言すると声読の対象となる文を構築していく上で声読の果たす役割は訳読におけるより訓読における方が大きいということである。当然のことながら、それはまた〈それだけ訓読における声読は複雑なものになる〉ということである。ただし、残念ながらこのような違いにも訓読の成立や発展、直読の衰退などについて語るものなどありそうにもない。

6—7　補読における相違と情報

訓読文＝直訳文と訳読文との間には、送り仮名の補読においてそれへの依存度に相違が認められた。しかし、この相違に訓読伸長、直読衰退などに関わる情報があるようには見えない。

7　訓読と訳読（4）——文再生における複雑さと労力——

本章においてこれまで行ってきた、文、声読、またそれ以外、及び補読についての訓読と訳読との比較を振り返ってみると、それぞれを通じて訓読は訳読より複雑であること、したがってそれに関わる労力も訓読における方がより多く必要とされることなどが知られる。今、今後における議論のために両者の核心となっている文と声読とについて、そのことを改めて確認しておくことにする。

漢文　　海漫々直下無底旁無辺

---

①加点漢文　　海漫々・直下《ミオロ》無底《ソ》

［訓読文］＝直訳文　　海漫々《カイハンハン》**たり**。直下《チヨクカ》**と**みおろセ**は**底無《そコナ》ク

（かいばんばんたり。ちょくかとみおろせばそこなく）

②訳読文　　　　海は漫々としている。直下をみおろすと底がなく

①［訓読文］と②訳読文とをそれぞれ漢字仮名交じり文で書き表してみたが、①加点漢文に関しては「海漫々《カイハンハン》たり…」というような漢字仮名交じり文はもとより、今日ではごく普通に見られる、「海漫々たり。…」というような書き下し文も本来作られないのが原則である。なぜなら、加点漢文はすでに一種の漢字仮名交じり文となっているので、それを書き下しただけのものなどさほど存在価値が高くないからである。①加点漢文の訓読について存在しているのは、通例その加点漢文「海漫々・直下《ミオロ》無底《ソ》」とその声読つまり音声として発せられる「かいばんばんたり…」だけであると言って過言ではない。

さて、①加点漢文において訓読とは、おおよそ〈加点漢文から漢文の翻訳文である直訳文を作り出しつつ、それを声読するもの〉である。これに対して、②訳読文において訳読とは、〈文字でその全体が表記された、漢文の翻訳文である訳読文を声読するもの〉である。前者は直訳文を作ることに早くも声読が関わっているのに対して、後者は既に文字表記においてそれなりに完成した文を声読するものということに、早くも訳読より訓読の方がはるかに煩雑な作業であり、そしてその当事者により多くの労を求めるということが明確に現れている。訳読との比較における訓読の複雑さは既に述べてきた所（例えば四―5―1―3、四―6―5など）からおのずと知られるこ

となのでその再確認は省略するが、複雑さについては次のようなことを忘れてはならない。

直訳文とその声読、また補読における訓読の複雑さは訓読者により多くの労を求める。すなわち、訳読に比べると訓読はより多くのことを訓読者に委ねている。

ただし、その複雑度の違いやそれに伴う難易差、労力差、さらに委託度の違いなどに、直読衰退や訓読進展に関わる情報があるのどうかということになると、残念ながらここでもそれは判然としないということになる。しかしながらここに至っても、次のような見込みを撤回するわけにはいかない。

通例、外国語文について直読消滅に相当することなど起こらない。しかし、漢文についてはそれが生じた。したがって、訓読、訓読文と訳読、訳読文との比較の中には必ずや直読消滅、訓読進展などに関わる情報が何かしら見出せるはずである。

とはいえ、少なくとも現時点においてそれを見いだすことはできない。このことはひとたび訳読を離れて訓読を別のものと比較すべきことを示唆している。そこで次に、訓読、訓読文が訳読、訳読文とは異なる場面で対峙している直読、漢文に目を転じ、これまでの訓読と訳読との比較を踏まえながら両者を比べてみることにする。

8　直読と訓読

本来なら競合関係にないはずの直読と訓読とにおいて直読消滅、訓読残存ということが起きた。その原因についての情報を求めて今度は直読と訓読とを比べてみることにする。

8—1　文

直読における文は漢文つまり中国語文であり、訓読におけるそれは直訳文つまり日本語文である。また前者は外国語文、後者はその翻訳文である。両者間の違いは歴然としている。したがって、ここにおのずと、文の比較において直読消滅などに関わる情報があるとしたら、それは〈日本人にとっては前者漢文より後者直訳文の方が読むことにおいて、また理解することにおいてははるかに容易である〉ということ以外にないのでないかという意見が即座に提出されそうである。漢文より訓読文＝直訳文の方が読みやすいし、分かりやすいということは事実そのものであり、否定できない。したがって、ここにこの難易差に着目した次のような見方が自然発生的に生じてくることになる。

〈直読から訓読へ〉という変化が起きた原因は、直読は読むにも理解するにも難しく訓読はやさしいということにある。

外国語文とその日本語翻訳文に関わる事実と体験に沿っているこの説は、一見、説得力に富んでいるかのように映る。しかし、一方では即座に例えば次のような疑問を呼び起こす。

①朝鮮やベトナムでは旧字音による直読が後世まで消滅しなかったのに対して、なぜ日本ではそれが室町中期以前に消滅したのか。

②日本に欧米各国の言語文が本格的に渡来し始めてから百五十年ほどたつが、英語文の英語音声読もドイツ語文のドイツ語音声読も消滅の兆しなどまったく見せていないのはなぜか。

なお、同様の疑問は平安時代以前に仏教界に渡来した梵語についても生じる。

③仏典の一部では宗派のアイデンティティの確立に直読が不可欠であることから、現在もなお直読が行われている。これは仏教界儒学界を問わず何らかの理由で直読は必要とされなくなったので消滅したことを示しているのではないか。

①②は、もとより〈それぞれの外国語文はそれぞれの外国語音でもって声読する〉という大原則が朝鮮やベトナムでは、また欧米語などについては日本でも遵守されてきた結果を反映している。また同時に、少なくとも読みにくい、分かりにくいという理由だけで直読が全面的に消滅したとするのは危険であることを物語っている。そして、このことは③直読は必要とされれば存続することとあいまって次のようなことを示唆している。

よしんば直訳文は読みやすい、意味が取りやすい、漢文は難しいということ、つまり漢文を読むことにおける困難さが直読消滅に関わっていたとしても、それは消滅を助長するものとはなりえてもその直接の原因とはなりえない。

訓読と直読との間にある難易差は、つまるところ〈直読消滅、訓読残存を生じさせた根本的な原因はほかにあること〉〈直読が不必要になった理由の解明こそ急がれること〉を述べるものとなっている。

8—2　声読

外国語音での外国語文の声読つまり直読より、自国語音による自国語文の声読、つまり訓読の方がはるかに簡単である。しかし、文におけると同様の理由から、それが訓読のみ残存の少なくとも起因となった可能性はない。

8—3　直訳文呈示場所等

直訳文は漢文の上に漢文の漢字と訓点とで呈示されている。このことは漢文と直訳文とが物理的に密接不可分の関係で結ばれていること、原文と翻訳文という母子関係にあることを視覚的にアピールするものとなっている。しかし、それが訓読の進展、直読の後退などについて何を語っているのか、また語っていないのか、判然としない。なお、漢字の読み順の違いも同様である。

8—4　補読

一漢字一字音が原則の漢字で綴られた漢文に補読は必要でない。一方、訓読には補読が必須である。しかし、この相違においても〈直読から訓読へ〉という変化に関わる情報があるのかないのか判然としない。

9　再度『宇津保物語』へ

これまで、そこに必ずや〈直読から訓読へ〉という変化の原因について語るものが何かあるはずであると見込んで、訓読を訳読そして直読と比べ、訓読訳読間また訓読直読間の相違を一通り調べてきた。しかしながら、その相違に情報があるのかないのか、判然としなかった。唯一、変化に関わる相違と考えられた、直読と訓読との難易差も、その変化を助長するものとはなりえてもその主因とは言えないものであった。この行き詰まりを打開すべく、これまでの比較を通して明らかになった相違はとりあえず脳裏に留めておき、この変化の萌芽は併存の時代に既にあったはずであることに着目して、その併存が見られる『宇津保物語』と『北山抄』などに立ち戻り、改めて変化の原因に関わる情報を求めてみることにする。

第五章　『宇津保物語』併存の再検討

『宇津保物語』における直読訓読の併存には〈直読から訓読へ〉という変化が生じた原因について何か語る所があるのだろうか。まずは再度、本文を見ておくことにする。

（天皇は仲忠に新発見の「古文《こぶみ》」を）「手づから点し、読みて聞かせよ」とのたまへば、古文《こぶみ》文机《ふづくゑ》の上にて読む。例の花の宴などの講師《かうじ》の声よりは、少しみそかに読ませたまふ。七、八枚の書《ふみ》なり。果てに、一度《たび》は訓《くに》、一度は音《こゑ》に読ませたまひて、面白しと聞こしめすをば誦《ずん》ぜさせたまふ。何ごとしたまふにも、声いと面白き人の誦じたれば、いと面白く悲しければ、聞こしめす帝も、御しほたれたまふ。「蔵開中」

「古文《こぶみ》」を『白氏文集』に見立て、また直読と訓読を中心にすると、講書は次のように進行したことになる。

天皇は仲忠に『白氏文集』に訓点を加えさせた。そしてその訓点によって『白氏文集』を「かいばんばんたり。ちょくかとみおろせば…」と訓読をさせた。そして最後に「一度《たび》は」「かいばんばんたり。ちょくかとみおろせば…」と訓読をさせ、また「一度《たび》は」「かいばんばん。ちょくかぶてい…」と直読をさせた。さらに聞いて趣があると思ったものについては朗詠もさせた。

第二章での考察なども踏まえながらこの一節を改めて読んでみると、併存についての情報がいくつか見いだされる。

1　訓読先行・直読後行

『宇津保物語』の一文において次の四点はあいまって、〈天皇には儒書を用いた講書や講読などは訓読から始まるという認識があった〉ことを示唆している。この、訓読先行、直読後行は平安時代における併存のあり方を具体的に語る情報として看過できない。

①天皇は漢文＝「古文《こぶみ》」について真っ先に「手づから点し、読みて聞かせよ」と仲忠に命じ

ている。ちなみに「古文《こぶみ》」は仲忠が持参したものである。

②「点し、読みて聞かせよ」において、「点し」と「読みて」との間に別の動作を表すような語句などは置かれていない。

③「『点し、読みて聞かせよ』とのたまへば、古文《こぶみ》文机《ふづくゑ》の上にて読む」は、加点、そして訓読を命じられた仲忠が天皇の命にそのまま従って加点をし訓読を行ったことを示している。

④（①～③に関わって）「果てに、一度《たび》は訓《くに》、一度は音《こゑ》に読ませたまひて」は、「果てに」なって初めて直読が行われたこと、しかも訓読の後に行われたことを示している。

①における仲忠への「手づから点し」という天皇の言葉は、『宇津保物語』当時においては明経道や文章道の博士など、儒学界における権威が加えた訓点による訓読が一般的であったことを背景にして発せられたものと解釈される。権威ある人物の訓点に従って訓読する、それは今日でも同じであるが、そのような中にあって天皇は仲忠にあえて〈仲忠自身の言わば手作りの訓点でもって訓読をせよ〉と命じているわけである。それは「古文《こぶみ》」の著者俊蔭の孫に当たる仲忠を眼前にして、第三者に加点を委ねることを避けての天皇の配慮によるのかもしれない。あるいは「例の花の宴などの講師《かうじ》の声よりは、少しみそかに読ませたまふ」や、引用本文の後で述べられている次のようなことなどにうかがわれるように、天皇は講書のことを外の者に知られたくな

かったこと、講書を自身と仲忠だけのものにしておきたかったことによるのかもしれない。また両方あいまってのことだったのかもしれない。

講書を聞きつけた「上達部、殿上人ら」が急遽参集してきた。しかし、「人に聞かせじとて、高くも読まず、御前《ぜん》には人も参らせたまはず」、その結果、彼らは「誦《ずん》ぜさせたまふばかりをぞ、わづかに聞」けただけであった。

いずれにせよ、とにもかくにもこの加点の命令を通じて、天皇の、仲忠の学識への絶大な信頼とともに、博士などとは別に加点を自ら行える学識者が『宇津保物語』成立当時においては既にそれなりにいたことがうかがわれる。

2 訓読先行=訓読優先

講書では直読も行われた。しかし、それは訓読が既に行われた、その「果てに」改めて訓読とともに、しかも訓読先行のもとでのことであった。このことと、講書の、その開始当初において加点、訓読が早くも天皇によって命じられていることとを重ね合わせると、講書においては訓読が優先、重視されていたこと、そして直読は訓読の次に大切にされていたことが知られる。すなわち、「果てに」しかも訓読の後に直読が行われていることは、漢文「古文《こぶみ》」講書における主役は訓読「かいばんばんたり。ちょくかとみおろせばそこなく…」であり、直読「かいばんばん。ちょくかぶてい…」は脇役のような存在であったということである。そこには、講書における訓読先行と訓読優先、対しての直読後行と直読後退が顕著に現れている。

3　訓読優先＝解義重視

漢文との関係において訓読［直訳文・声読］の、その直訳文は漢文の翻訳文に当たる。これは〈訓読は既にそれ自体が漢文解義の一環となっている〉ことを示している。そして、このことは直読［漢文・声読］は「果てに」行われていることとあいまって、本来行われるべき漢文「古《こ》文《ぶみ》」読解＝［直読・解義］において、訓読先行＝訓読優先は解義重視にほかならないこと、講書は解義先行＝解義重視、対して直読後行、直読軽視で行われたことを明言している。

ちなみに、この点については既に述べたように（二―1―3）、「古文《こぶみ》」講書において最初の「古《こ》文《ぶみ》」訓読の直後に、直訳文の解義が行われたとしか考えられないということがある。すなわち、現在の、漢文の授業や儒書を用いた講義や講読などと同様に、講書においても加点「古文《こぶみ》」の最初の訓読の後、その訓読文＝直訳文の意味内容の把握、解義に関わる講述が行われたことを示唆している。これはもとより講書における解義重視、解義優先を物語っている。

4　加点漢文における併存――加点漢文化即訓読――

「古文《こぶみ》」は仲忠によって加点された。そしてその「古文《こぶみ》」は同じく仲忠によって訓読された。のみならず直読もなされた。これは『宇津保物語』講書における併存は漢文「古文《こぶみ》」における併存でなく、加点漢文「古文《こぶみ》」における併存であると言った方がより正確であるということを示している。ただし、このことについては次のような意見が提出されるかもしれない。

加点以前、あるいは以後に「古文《こぶみ》」については無加点の写本が作られた。つまり仲忠の眼前には加点「古文《こぶみ》」と白文「古文《こぶみ》」とがあった。そして訓読と直読はそれぞれ加点「古文《こぶみ》」と白文「古文《こぶみ》」において行われた。

この意見は釈奠の併存における加点儒書と無加点儒書との関係に類似している（二―2）。しかし、講書の場合、同一人物＝仲忠が訓読と直読両方を行っているのに対して、釈奠の場合は別人が別々に行う点が異なる。したがって、釈奠の場合と同様に『宇津保物語』を取り扱うのは危険である。

さて、紙面においてひとたび加点が行われれば、もはやその漢文は無加点状態には戻らない。したがって、加点に際しては原儒書の写本が作られるのは当然であるとも言いうる。しかし、こと『宇津保物語』講書の場面において「古文《こぶみ》」写本作成をうかがわせるような所はない（二―1―5）。講書の進行においてもそのようなことを行う時間もないように見える。ただ、仲忠が持参した「古文《こぶみ》」への加点、訓読そして直読、朗詠などが、天皇の命に従って淡々と行われているだけのようにしか見えない。それに、加点漢文になったからといって「古文《こぶみ》」が紙面から消えてなくなるわけでもない。加点「古文《こぶみ》」から原本の写本としての無加点「古文《こぶみ》」を作ることもできれば、その直読を行うこともできる。したがって、加点「古文《こぶみ》」において直読が行われたとしても不思議ではない。実際、例えば現代の儒書注釈書の中には直読が行われることを前提として加点漢文が呈示されていることもある。

本書ではそれを示唆するものが少なくとも『宇津保物語』文面においては見いだせないこと、加点漢文においても直読を行えることなどから、別本併存説を採らないが、よしんば写本説が『宇津保物語』において成り立つとしても、『宇津保物語』における〈「古文《こぶみ》」加点→加点「古文《こぶみ》」成立→加点「古文《こぶみ》」訓読→直訳文解義→加点「古文《こぶみ》」訓読→加点「古文《こぶみ》」もしくは「古文《こぶみ》」写本直読〉という進行、すなわち訓読先行は微動だにしない。取り分け〈「古文《こぶみ》」加点→加点「古文《こぶみ》」成立→加点「古文《こぶみ》」訓読〉という、直読には関わらない一連の進行は、一つ『宇津保物語』「古《こ》文《ぶみ》」においてだけでなく加点漢文すべてについて成り立っているメカニズムであることを強調しておきたい。なぜなら、そもそも加点は訓読のために行うものだからである。訓読のために必要な訓点を漢文に加える。漢文は自動的必然的に加点漢文に変わる。あとは訓読を待つのみである。訓読のために加点を行うのだから、少なくとも加点当初の時点においては加点終了とともに訓読が行われることになるのは当然の成り行きである。講書の場面で言えば、天皇の命令のもとで加点された「古文《こぶみ》」は「かいばんばんたり…」と声読＝訓読され、次いでその「かいばんばんたり…」についての解義が行われるということである。そしてその〈仲忠加点→仲忠訓読→仲忠解義〉という進行はすべてオートマチックに行われるということである。

こと加点漢文における併存はおのずと〈訓読先行＝訓読優先＝解義重視⇕直読後行＝直読軽視〉という対立となる。ちなみに、もしも白文「古文《こぶみ》」と加点「古文《こぶみ》」とがありそこで直読と訓読とが行われるとしたら、『北山抄』などの釈奠に見るように伝統ある直読の先行となる可能性がある。このことは、『宇津保物語』の併存はやはり加点「古文《こぶみ》」において行われたとすべきことを示している。

5　訓読先行と天皇

併存は当時直読も行われていたからこそありえた。『宇津保物語』成立当時、大学寮はなお本来の律令官人養成という役割を果たしていた。当然、学生に対しての直読教育も組織的に行われていたはずであるし、また儒学界においても直読がごく普通に行われていたとしか解せられない。そのような状況の中で日本生まれの訓読が加点「古文《こぶみ》」において漢文本来の読み方である直読と併存しているということ、しかも直読より先に行われているということは異例に映る。なぜなら、繰り返し述べているように外国語文の読解においては通例、最初にその外国語の音でその声読が行われ、その後、その外国語文の解義が行われるのが普通だからである。その典型は外国語文献を用いた外国語の授業や講読、講演などである。

直読は漢文の声読である。これに対して漢文の翻訳文である直訳文を声読する訓読は漢文解義の一環をなす。この点において『北山抄』などの、釈奠における直読先行、訓読後行の併存は外国語文献の一般的な読解の一例と言うべきものとなっている。ちなみに、前項で述べたように今日、加点漢文において行われる現代中国字音による直読の場合も同様で、直読先行が普通である。このようなことを重ね合わせると、加点「古文《こぶみ》」であれそれは直読も行われていた時代に読まれたのだから、直読しかなかった時代にならって直読からその読解が始められてもよかったのでないかと思われないでもない。まずは「かいばんばん。ちょくかぶてい…」と直読をする。そして、その後、解義の一環として「かいばんばんたり。ちょくかとみおろせばそこなく…」と訓読をする。そしてその後、その直訳文を中心にしつつ今日における漢文の授業などのように、さらに漢文の解義を押し進めていく。しかし、こと加点「古文《こぶみ》」においては最初に訓読がなされた。ここに、その訓読先行は特例のことであったのでないかという見方が改めて提出されることになりそうである。

訓読先行は「古文《こぶみ》」講書という特別の場における特別なことであった。すなわち、当時は儒学の授業や講義などにおいて加点漢文が用いられる場合であっても、まずは直読が行われるのが普通であった。しかし、こと「古文《こぶみ》」についてはその講書のすべてを取り仕切っていた天皇が特別に訓読を先行させた。その理由は、天皇は「古文《こぶみ》」の意味内容を早く知りたかったことにある。そのために「古文《こぶみ》」解義の一環をなす訓読とそれに続く直訳文の解義の講義を直読より前に行わせた。

講書の進行と天皇の意思との関係については既に若干述べた（二―3―1）。それを顧みながらこの説の妥当性を検討してみることにする。

まず、そのために、〈当時は加点儒書についても直読先行が普通であった〉として本文に戻ってみると、当時普通であった直読先行に逆らってまで天皇が訓読を先行させたこと、さらに言えば、先行させることができたことを示唆するような所など、『宇津保物語』本文において見出すことはできない。

〈加点者の選定↓仲忠加点↓仲忠訓読↓仲忠直訳文解義↓「果てに」行われた訓読と直読↓朗詠〉という進行は確かにすべて天皇の意思のもとで行われた。とはいえ、講書は淡々と進行しているようにしか見えない。特に注目すべきは最初の訓読が行われるまでである。天皇は仲忠へ〈加点↓訓読〉の命令こそ下しているものの、また仲忠への加点命令には天皇における〈加点者の選択〉が反映されてはいるものの、次の一文に〈直読↓訓読〉という進行にあえて反することを行わせようとする天皇の意思を読み取ることなどできそうにもない。

（天皇は仲忠に新発見の「古文《こぶみ》」に）「手づから点し、読みて聞かせよ」とのたまへば、古文《こふみ》文机《ふづくゑ》の上にて読む。

ここには〈加点↓訓読〉というメカニズムが見られるだけで、天皇の特別の意図を反映している所などない。

さらに、天皇に当時一般的だった直読先行でなく、あえて訓読先行を行えるほどの学的な力があったのか、この点についても疑問が残る。

仲忠への加点、訓読、直読などの指示、また指示の仕方、あるいは仲忠の講書を聞いて感動していることなどを通じて、天皇の儒学への造詣の深さが並々でないことがうかがわれる。しかし、天皇は大学寮の博士でもなければ儒学界のリーダーでもない。だからこそ、仲忠に加点をさせもすれば訓読、解義、また直読など、つまり講書をさせているのである。その彼が自身のための講書の場であるからといって、その当時の儒学界における常識的な漢文読解方法と異なる独自の方法をとったであろうか、またとれたであろうか。

十世紀後半、大学寮では直読教育が、そして儒学界では直読が行われていた。これは当然［漢文・声読］つまり直読に始まる漢文読解も行われていたことを示唆している。しかしその一方、〈加点→訓読→直訳文を中心にしての解義〉というメカニズムにのっとった〈訓読先行、解義重視〉の読み方もまた儒学界における一般的な読み方として定着していた、『宇津保物語』での講書はそれにのっとって行われた、とするのがやはり妥当と考えられる。

6　直読先行・訓読後行

『北山抄』などの釈奠では漢文本来の読み方である直読が先行している。これは訓読は漢文解義の一環と解せられることとあいまって、釈奠では儒学界に訓読が成立した後も本来的な漢文読解の進行が踏襲されていたことを示している。また前述のように加点漢文においてもそれが踏襲されて直読先行が行われることもあった可能性がないでもないことを示唆している。つまりは当然といえば当然のことであるが、紙面に漢文が（も）認められる限り、『宇津保物語』とは異なる直読先行が常にありうるということである。

7　加点漢文併存における訓読優先（1）

これまで『宇津保物語』の直読訓読併存を中心にして〈直読から訓読へ〉について語るものを求めてきた。その結果得られた情報といえば、それは〈加点漢文における併存は自動的に訓読先行・訓読優先、対して直読後行・直読軽視となる〉ということに尽きる。そして、このことは、後世、加点漢文においては訓読しか行われなくなったこととあいまって次のようなことを示唆している。

直読消滅の萌芽は加点漢文の誕生、煎じ詰めれば加点にあったのではないか。

直読と訓読とは本来、相対峙するような間柄にない。しかし、加点漢文の源は漢文にあること、加点漢文にはその漢文がそのまま残されていることから、こと加点漢文において両者は併存するとともに対峙するものともなったのである。とはいえ、もとより加点漢文は直訳文を呈示するために作られたものである。当然、そこでは漢文は無視されうる、無視されても不思議でない存在と化していることになる。存在こそすれ、影の薄い、二次的副次的なものとなっている。

それはもちろん声読においても同じである。加点漢文においては直訳文の声読、すなわち訓読が必ず第一に行われるべきものとなる。その一方、漢文の声読、すなわち直読は必ずしも行われなければならないものではなくなっている。〈直読から訓読へ〉という変化が生じたことを踏まえつつ、このことに加えて左に掲げる三点を考え合わせると、加点漢文の直読については次のような解釈が可能となってくる。

加点漢文の中にある漢文は、時として取り出されて声読される存在にすぎない。

①講書の場面にあって、文面にそれと書き表されてこそいないものの、最初の訓読の直後に

は直訳文の解義が行われたとしか考えられない（二―1）。

②（①に関わって）訓読とそれに導かれる直訳文の解義は日本における漢文「古文《こぶみ》」の解義に相当する。

③一般に、文の読解における最大の目的は、その意味内容の把握、つまりその解義にある。

以上、加点漢文においては漢文解義の導入役となっていない直読など、もはや不要とされても不思議でないものになっていたということである。

『白氏文集』を『宇津保物語』「古文《こぶみ》」になぞらえて今までの考察をまとめてみると次のようになる。

「古文《こぶみ》」「海漫々直下無底旁無辺」は、仲忠に加点されて「海漫々・直下《ミオロ》無底《ソ》・旁無シ辺リ」に変わった。そしてそれに伴いそれは自動的に漢文「かいばんばん。ちょくかぶてい…」を表すものから直訳文「かいばんばんたり。ちょくかとみおろせばそこなく」を呈示する加点漢文「古文《こぶみ》」へと変わった。この変化に従って、直訳文「かいばんばんたり。ちょくかと…」の声読＝訓読も「かいばんばん。ちょくか…」の声読＝直読より先に行われることになった。なお、この訓読の直後に直訳文「かいばんばんたり…」の解義が行われたこと、訓読とこの解義とは漢文「古文《こぶみ》」の解義に相当するものであることから、後に行われた直読「かいばんばん。…」の後で再度漢文の解義が行われることはなかった。

直読「かいばんばん。…」は本来負っていた漢文「古文《こぶみ》」解義の先導役を加点漢文においては解除されたのである。講書において直読があたかも付け足しかのように見えたのも、実は直読がそこでは自身本来の役目の一つを失っていたこと、そのためにその存在が希薄になっていたことによると解される。

8　加点漢文併存における訓読先行、訓読優先（2）

前節で述べた、加点漢文における訓読先行、訓読優先は次のようなことを述べているように見える。

加点こそ〈直読から訓読へ〉という変化の原点でないか。また、加点漢文において直読は本来の役割の一部を消失していることは、漢文の加点漢文化に伴う直読と訓読の併存において結局直読は衰退、消滅せざるをえなくなったことの原因の一つとなっているのでないか。

しかしながら、ここに二つの問題が生じてくる。

①末尾直読の消滅

直訳文呈示を使命とする加点漢文において直読が衰退するのは当然のことかもしれない。しかし、それが消滅にまで至るのかどうか。すなわち、加点漢文においても直読には何らかの存在価値があったからこそ、加点「古文《こぶみ》」読解後ではあるものの講書末尾において直読も行われたのである。それにもかかわらず、直読は消滅していくものなのだろうか。

②直読の全面的消滅

加点漢文において直読が消滅したとしても、それで漢文に関わって直読が全面的に衰退、消滅したということにはならない。

ａ無加点漢文＝白文における直読はどのような過程を経て衰退、消滅していったのか。

ｂ（折々述べてきたように）こと儒学界における直読の衰退、消滅については、朝廷や大学寮また音道の衰退や存亡が関わっているはずであるが、それと直読の衰退、さらには訓読の伸長などとの関係はどのように変わっていったのか。

『宇津保物語』にはこれらの疑問についての情報はありそうにもない。したがって、これらの疑問についてはこれまでの検討を踏まえながらほかの所に情報を求めて行かざるをえなくなる。

9　末尾直読の消滅——加点漢文における直読——

講書では、訓読とそれに続く直訳文の意味内容の把握、解義の講義が終わった後、訓読と直読が行われた。この末尾の直読は「古文《こぶみ》」解義の導入には関わっていない。〈直読から訓読へ〉という変化において、いったい漢文を声読することにはどのような存在価値があったのだろうか、またそれはどのような理由で消滅したのだろうか。

9—1　末尾直読の存在価値

直訳文解義の終了は「古文《こぶみ》」解義の実質的な終了に当たる。このことを考慮すると、末尾の直読の存在理由としてはおおよ次の三点が想定される。

①漢文本来の読み方の紹介・確認

先に、訓読成立当初は加点漢文においても漢文に関わる読み方の伝統遵守ということから、直読が冒頭で行われることもあったのでないかと推測した。しかし、直訳文呈示を目的とする加点漢文においては、何よりも先に訓読が行われることになる。訓読のために加点をさせた天皇にとっては加点終了後すぐに仲忠の訓読が始まることは分かっていたし、またそれをいち早く聞きたくもあったに違いない。さて訓読後、直訳文の解義が行われた。それでもなお末尾において直読を行わせたのは、やはり伝統遵守の力が働いたことによるのでないだろうか。加点「古文《こぶみ》」において直訳文「かいばんばんたり。…」は既に声読され、そしてその解義も終わっている。しかしながら、加点「古文《こぶみ》」の母胎「古文《こぶみ》」はなお加点「古文《こぶみ》」の中に厳然として控えている。そこで伝統にのっとって行わせた直読「かいばんばん。…」は、天皇にとっては音的にその母胎「古文《こぶみ》」本来の姿の、自身に対する紹介とも自身における確認ともなったのでないか。

②漢文解義の深化

声読は文の音声的な表現であり、文の意味内容の伝達にも当然関わっている。直読や中国字音に通暁している人物であれば「かいばんばん。…」という音声を聞けば、その漢文の意味内容を把握することができる。既に漢文の解義は直訳文「かいばんばいたり…」の声読とそれに導かれた直訳文の解義とで終わっている。しかし、さらに加えて新たに直読を聞いた天皇は、漢文「古文《こぶみ》」の意味内容の理解をより一層深めることができたのでないか。

③漢文の音的体験・鑑賞

漢文「古文《こぶみ》」本来の音的な側面は直読「かいばんばん。…」でなければ表せない、また味わえない。直読はそれを行う人物、聞く人物に漢文の音声的な実体験はもとより、その音的鑑賞さらには異国情緒などをも提供する。取り分け詩の韻律、絶句での押韻や平仄などの真の鑑賞に直読は不可欠である。儒書・儒学に造詣の深かった天皇にとって漢文の音的側面の体験、鑑賞に直読は欠かせなかったのでないか。

9―2　末尾直読の存在理由

三点のいずれに末尾直読の存在理由があったのか判然としない。この内の一つだけにあったのかもしれないし、互いに関わり合って末尾直読を支えていたのかもしれない。ちなみに、直読の存在理由については、このほかにも、直読教育や直読の啓蒙、あるいは中国語会話学習への寄与なども考えられないわけではない。しかし、漢文解義の一部に相当する直訳文の呈示を第一とする加点漢文において、しかも初学者でなく既に儒学の教養を十分身に付けていた天皇が自身のための講書の場で、しかも人々に知られないようにそれを行わせている場面において（五―1）、改めて自身やほかの人物の直読教育などへの配慮から仲忠に直読をさせるわけがない。そして、〈直読から訓読へ〉という歴史的な変化と、後世における加点漢文での旧音直読完全消滅とを重ね合わせると、ここに存在理由に関わってまた次のような問題が生じてくる。

加点漢文における〈加点→訓読→直訳文解義〉というメカニズムから外れている末尾の直読を支えていたかと思われる右の三つはなぜ消滅したのか。

9―3　末尾直読の消滅理由

末尾の直読の存在理由が何であれ、〈直読から訓読へ〉という変化は起こった。そして加点漢文はもとより白文においても旧音直読は行われなくなった。この事実は前節で挙げた、その存在理由かと想定された三項目は煎じ詰めると日本における漢文読解において直読は実は絶対不可欠なものではなかったこと、ないしもともとは不可欠であったが結局は末尾の直読の存在さらには白文直読を支えきれなくなったことを物語っている。ここに、〈結局末尾の直読は消滅した、その理由は何か〉ということが次なる疑問となってくる。そして、この疑問について検討すべきは、何よりも先の三項目の、その限界以外にない。

①漢文本来の読み方の紹介・確認：不要

直読を行うことは直読に関する知識を得、その直読を確認することなどに通じる。しかし直訳文呈示のために作られた加点漢文において絶対に行われなければならないことは、言うまでもなく〈直訳文声読＝訓読→直訳文解義〉以外にない。「古文《こぶみ》」の漢字と訓点とによって呈示された直訳文「かいばんばんたり。ちょくかとみおろせばそこなく」を声読し、そしてその意味内容を正確に把握すること＝解義に尽きる。すなわち、天皇において講書最大の目的は、仲忠に訓読と直訳文の解義を行わせることにあった。この点においては加点漢文の母胎となった漢文の直読「かいばんばん。ちょくかぶてい」はもはや必ずしも必要なものでなくなっている。そして、それは当然、漢文本来の読み方の紹介・確認などはたとえ直読の一時的な存在理由とはなりえても永久のそれとはなりえないことを示している。

②漢文解義の深化：不要

既にその翻訳文である直訳文「かいばんばんたり…」の声読と解義は終わっている、その段階に至って、さらに直読「かいばんばん。…」によって漢文の解義を深化させることはまったくの無駄とは言えないにしても、いったいどの程度必要なものだったのだろうか。極端に言えば、なくても特に差し支えない程度のものだったに違いない。すなわち、右の①におけると同様の理由から、この深化もまた当初は末尾直読の存在を支えていたのかもしれないが、最後まで支えきるものとはなりえなかったということである。なお、直読を聞いて自身の漢文解義を深化させることができるほどの学識ある人物などあまりいなかった、つまり直読の効用を享受できる人物などあまりいなかったということを、末尾直読消滅理由の一つとすることもできるのでないだろうか。

③漢文の音的体験・鑑賞：不可能

直読を通しての漢文の音的な体験はだれでもできることである。とはいえ、②に関わってそれを通して中国人と同様に漢文本来の音的な側面を実感し、漢文についてより深い理解を得ることのできる日本人などそうそういたはずがない。取り分けその鑑賞ということになると、より一層むずかしくなるはずである。ちなみに、講書で天皇は末尾での訓読と直読を聞いて「面白しと聞こしめすをば誦《ずん》ぜさせたまふ」たが、天皇には「古文《こぶみ》」を音的に鑑賞する力があったとしても、皆が皆、優れた音的理解力、鑑賞力を持っていたはずがない。もとより日本語を母語とする日本人の、いったい何人が音的体験の象徴と言える韻律の鑑賞を中国人と同様に行えたのか。それに、そもそも平安時代初期以前の唐代字音に基づく漢音は、平安時代以前から多かれ少なかれ日本化しており、また日本化し続けてもいたはずである。当然、その漢音を用いた直読も本来の姿形を失っていくことになる。その一環として韻律も中国本来の姿を多かれ少なかれ失っていかざるをえなくなる。そのような状態の中で中国人ならぬ日本人がいったい直読において何を鑑賞することができたのであろうか。要するに、これは漢文に限ったことではないけれども、日本語と音的構造の異なる外国語音による外国語文の声読を日本語を母語とする者が聞いてそれを鑑賞することなど、事実上、不可能と言っても過言でない。大方の日本人が直読から音的に感得できるものはと言えば、それは実は異国情緒か違和感くらいだったに違いない。いずれにせよ、この音的体験の面に末尾直読の存在理由があったとしても、それは時代とともに弱化していき、結局、加点漢文における直読を支えきれなくなったに違いない。

これら三点が直読の推移や消滅にいつ、どこで、どのように関わるのか、関わったのかは今後の課題とせざるをえない。しかし、現在においてもごく普通に例えば聖書やソクラテスの書などは和訳本において論じられている。また、既に末尾直読は漢文解義の導入役を負っていない。これらのことを顧みると、日本語翻訳文である直訳文を呈示する加点漢文において末尾直読の存在価値はもともとさほど高くはなく、いずれは衰退、消滅する運命にあったと解するのが妥当と考えられる。

10　漢文読解の目的と直読

文を読解する目的、少なくともその主たる目的がその意味内容の把握、解義にあるということにおいて、加点漢文で訓読と直訳文の解義との後に行われる直読は、いずれは消えていかざるをえないものであった。また加点漢文において伝統にのっとって訓読以前に漢文解義導入の役を負わない直読がもし行われていたとしても、それもまた同様の理由からいずれは消滅していかざるをえなかったに違いない。

ただし、とにもかくにも加点漢文「古文《こぶみ》」講書末尾において直読は行われている。それは直読が加点漢文においてなおそれなりに存在価値を持っていたことの証明となっている。とはいえ、直読はその存在価値の低さから衰退、消滅の道をたどらざるをえなかった。ここにまた新たな疑問が一つ生じてくる。すなわち、解義絶対、その点において直読の存在価値が低かったとしても、併存の中で直読は直読としてとにもかくにも行われている、存在している。したがって、そのような併存が壊れ直読が消滅の方向に向かっていったことについては、何らかのことがその併存崩壊に関わったのでないかと考えざるをえなくなる。言い方を換えると次のようになる。

併存が直読の存在意義の低さから自然に崩壊していったとしても、何か別のものの関与なり何かの力の付加がなければ併存の自然崩壊も起こらなかったはずである。ではそのもの、その力とは何か。

11 〈一表記、一文、一読〉と末尾の直読

加点漢文における直読と訓読の併存、そして直読消滅による併存崩壊に関与したものは何か。この疑問に向かう前に、加点漢文と訓読、また漢文と直読との関係を『白氏文集』について整理しておくと次のようになる。

加点漢文　海漫々・直下《ミオロ》無底《ソ》・旁無《シ》辺《リ》

直訳文声読＝訓読「かいばんばんたり。ちょくかとみおろせばそこなく、かたはらにほとりなし」

漢文　海漫々　直下無底　旁無辺

漢文声読　＝直読「かいばんばん　ちょくかぶてい　はうぶへん」

加点漢文「古文《こぶみ》」においては、〈加点漢文↓訓読〉主、〈漢文↓直読〉従、という二重構造が成立している。併存終了ということは、この中の従である〈漢文↓直読〉が消滅し、主である〈加点漢文↓訓読〉のみが残存したということである。これはとりもなおさず二重構造の解消を意味する。文があってこそ声読も行われるということを踏まえると、この解消は直訳文呈示のための

加点漢文において二次的副次的な存在である漢文が消滅したということになる。ただし、加点漢文において漢文は物理的視覚的に厳然としてそこに存在する。そのために例えば今日においても高等学校の漢文の授業などで加点漢文に接した高校生が〈なぜこれを中国字音で読まないのか〉という疑問を抱いたり、儒学界やその伝統の中にある領域で唐音あるいは現代中国字音による直読論が出されたりすることになる。このようなことを振り返ると、併存の解消は加点漢文中の漢文はもはやないも同然のものとされた、ないし無視された結果生じたということになる。そして、ここになぜ無視されるようになったのかという疑問がまたおのずと生じてくるが、これに対しては『宇津保物語』における末尾直読の検討などを踏まえた次のような解答が成立しそうである。

加点漢文は直訳文呈示、訓読のためのものである。またこれに関わって加点漢文において直読の存在価値は低い。その結果、直読は無視されるに至った。

しかしながら、とにもかくにも『宇津保物語』では末尾においてであれ直読が行われている。それはもとより加点漢文においては直読にはそれなりの存在価値があったことを証明している。加点漢文においてたとえ副次的であれ必要とされていたその直読が、一つその存在価値の低さから無視されるものとなるのであろうか。ここに至って、〈存在しないも同然とされるに至ったには加点漢文において直読のその存在価値を無にするような、すなわち直読を排除するような力が加わったからでないか〉ということを想定せざるをえなくなる。

加点漢文は紙面に呈示されている。そして漢文はその加点漢文の中にある。一方、直読は漢文があって初めて成立する。これら三点はあいまって、そのなにがしかの力は文表記の面において作用したことを明示している。

そこで今、参考までに訳読文とその原外国語文との関係を見てみると、外国語文とその翻訳文としての訳読文とはもちろん互いに離れた所にそれぞれ独立した一文として呈示される。

漢文　　海漫々
訳読文　海は漫々としている

紙面において両文には重なる所などない。当然紙面における主従の関係もない。それはまたその他の一般的な文の場合も同じである。それぞれの文はそれぞれ独立した一文として掲げられている。一つとして二重構造の文などない。これを〈一表記、一文〉の原則と呼ぶことにすると、『宇津保物語』において加点漢文は〈一表記、二文〉であったということになる。これは明らかに原則に反している。ここに至って直読消滅のことについては次のような説明が可能となる。

〈一表記、一文〉の原則は、加点漢文における二重構造〈一表記（加点漢文）、二文（直訳文・漢文）〉に及んだ。その結果、加点漢文から漢文が消滅し〈一表記（加点漢文）、一文（直訳文）〉に変わった。すなわち、原則の力が加わって加点漢文における漢文はないに等しい存在となった。

この〈一表記、一文〉の力によるとする説明は、その仕方、視点こそ異なれ、次のような説明と内容的には同じである。

そもそも一つの文字表記は一つの文しか表さない（表せない）。同時に相異なる複数の文を表すことなどできない。そのため、加点漢文においては従の存在である漢文は結局ないも同然のものと見なされることになった。

加点漢文を読む人物は、〈一表記、一文〉の原則に従って加点漢文は直訳文を表すものと認識し、漢文は無視した。

無視された漢文は読まれない。ここに加点漢文から直読は消え去った。

なお、文字で書かれた一つの文には一つの読み（方）しかない。したがって読みを「読」と呼ぶことにすると、〈一表記、一文〉の原則は〈一表記、一文、一読〉の原則ということになる。そして、加点漢文における〈一表記・二文（直訳文・漢文）・二読（訓読・直読）〉はこの原則の適用を受けて〈一表記・一文（直訳文）・一読（訓読）〉となり、ここに直読は消滅したということになる。

また、この直読脱落については、次の二点も関わっていることを忘れてはならない。

①併存において末尾の直読はもともと漢文解義において必ずしも絶対不可欠なものではなかった。もしもそれが絶対不可欠なものであったのなら、例えば現在もなお併存が続いている一部仏典におけるそれのように、加点漢文においてもごく普通に〈漢文・声読〉が後々まで保持されたはずである。

②単純構造と言うべき〈一加点漢文、一直訳文、一訓読〉への変化の陰には、〈加点漢文においては漢文の解義は直訳文の声読つまり訓読とそれに導かれる直訳文の解義とによって行われる〉という暗黙の了解が漢文関係者間にはあった。

12　直読の全面的消滅——加点漢文から漢文全体へ——

加点漢文における直読消滅と、漢文における直読の全面的な消滅とはどのような関係にあるのだろうか。

もとより加点漢文における直読の消滅は漢文における直読の全面的消滅を物語っているわけではない。ただし、加点漢文において直読は訓読優位のもとにあり、そして〈一表記、一文、一読〉の原則のもとで、結局消滅した。

一方、後者、直読の全面的な消滅の中にはもちろん前者、加点漢文における直読の消滅も含まれる。また何はともあれ、加点漢文、そしてそれにおける訓読が出現していなければ、漢文本来の読み方である直読が消滅することもなかったはずである。さらに、そのメリットを推進力として漢文の加点漢文化が進み、訓読が拡大し一般化していくにつれて、直読の行われる機会は少なくなっていくはずである。

このようなことを考え合わせると、〈前者加点漢文における直読消滅の影響を受けて後者漢文における全面的な消滅が生じた〉としか解しようがなくなる。なお、平安時代における訓読の伸長は周知のようにこの時代を通じての加点文献の増加を通してもうかがわれる所である。また、訓読の伸長は訓読者の増加を示唆するが、それに伴って仲忠のような訓読習熟の者も当然増えていくことになるはずである。そして今日におけるのと同様に、訓読習熟者の中には必ずや白文をあたかも加点漢文であるかのように読む人物も現れてくることになるに違いない。これは実質的には白文の加点漢文化が進んだことを述べるものにほかならない。

繰り返して述べているように、漢文読解において加点漢文における訓読とそれが導く直訳文の解義は漢文解義に相当する。もちろんその訓読と直訳文の解義はすべて日本語において行われる。このことを背景として、加点による漢文の加点漢文化が進み、それに反比例するかのように漢文から直読は後退し、ついには全面的に消滅した。訓読の効用の前に直読は後退、消滅せざるをえなかったということである。

〔コラム：訓点は封印〕

無加点漢文＝白文の訓読も含めて漢文の加点漢文化、それに伴う訓読の伸長につれて、否応なしに直読は退行していった。すなわち、加点漢文「海漫々・直下《ミオロ》無底《ソ》」においては「かいばんばんたり…」は常時発せられる。その一方、直読「かいばんばん…」は結局消滅した。ところで、訳読文の場合であれば、漢文「海漫々」について「海漫々たり」なり「海は漫々としている」というものが作られたとしても、それは漢文「海漫々」から離れた所に掲げられる。原漢文「海漫々」はそのままである。当然のことながら、中国語文の常として基本的には直読されるものとして存在している。一方、訳読文はもちろん日本語音で声読される。漢文本来の読み方＝直読が訳読文の声読＝訳読の干渉を受けることなどない。今日では、漢文は白文であっても訓点が施されているかのように読まれるのが普通となっている。しかし、独立した一文として訳読文に対峙している漢文「海漫々」は直読されうるものとしてある。実際には直読されることがないとしても、直読される可能性があるものとして存在していることに変わりはない。このようなことに照らし合わせてみると、漢文上にその漢字と訓点とを用いて直訳文を呈示するということ、漢文の加点漢文化は、結果的にではあるが加点漢文中に存在している漢文をないものにしようとするもの、またそうして同時に直読をもないものにしようとするもののように見える。すなわち、加点漢文化は加点漢文においてその中にある漢文及び直読を封じ込めるものにほかならず、そして訓点はあたかもその封印のように映る。なお、唐音直読論者や現代中国字音直読論者であれは、訳読文に対峙している漢文「海漫々」を必ずや直読した、するに違いない。

13　『北山抄』『江家次第』の併存——直読先行・訓読後行——

『北山抄』などの示す、釈奠における併存は、直読先行、訓読後行であった。そして、それぞれにおいて使用される文献は同じ儒書の別々の写本であり、直読は白文、訓読は加点文においてそれぞれ行われたと推定された（二—2）。訓読は漢文解義の一部と見なされることから、釈奠における直読先行の併存は、外国語文読解における一般的な進行に沿った形で行われたことがうかがわれる。

このように、『北山抄』などの語る釈奠における併存を見る限り、直読と訓読とはそれぞれ漢文の声読、その直訳文の声読というそれぞれの役割を一般的な順序に従って果たしているだけである。したがって、そこに直読消滅、訓読の直読排斥といったことなど生じそうにもないように見える。とはいえ、『北山抄』や『江家次第』などの成立は、儒学界における訓読定着を物語る『宇津保物語』の成立した十世紀後半よりおおよそ百年以上も後のことである。また、平安時代中期以降、現存加点儒書も増加している。したがって、『北山抄』成立当時の儒学界で訓読は『宇津保物語』の時代よりさらに広くより深く行われるようになっていたに違いない。そしてそれに反比例するかのように、直読の後退が進んでいったとしか解せられない。これら、平安中期以降の儒学界における直読と訓読に関わることのほか、釈奠については次のようなことも思い起こされる。

①釈奠は大学寮で行われる特別な儀式である。

②訓読がいかに一般化しようとも、音道、音博士を擁する大学寮においては早々に直読が全面的に消滅したなどということは起こりえない。

以上述べてきたことに、とにもかくにも事実として〈直読から訓読へ〉という歴史的な変化が起こったことを重ねると、釈奠の併存については次のように考えざるをえなくなる。

『北山抄』などの釈奠における直読先行、訓読後行の併存は、当時の儒学界においては既に特別な場における特別なこととなっていた。

ただし、儒学界における唯一のセンターである大学寮で釈奠が行われていたということは、実は大学寮以外の儒学界においても直読はなお行われていたのではないかという可能性を示唆している。これは釈奠の直読が例外なのか否かの議論は実は容易に収拾がつきそうにもないことを物語っている。そこで次章では、このことを念頭に置いて儒学界唯一の直読発信地である大学寮と音道、音博士に焦点を当てて平安時代に進行した直読衰退の過程を検証してみることにする。

――訓読と訳読・直読との比較再考――

第四章では〈直読から訓読へ〉という変化が生じた原因についての情報を求めて、訓読（文）と訳読（文）、また同様に訓読と直読との比較を試みた。そして、それぞれの間の相違に情報を探してみた。しかし、相違はそれなりに見いだされたものの、それが訓読伸長、直読後退などについて何を語っているのかが判然としなかった。ただ、その後その変化の生じた根本的な原因は漢文の加点漢文化にあるということや、〈直読から訓読へ〉という変化のおおよその過程もそれなりに分かってきた。したがって、このことを踏まえて改めて前に見た相違に立ち戻ってみれば、あるいは判然としなかったその理由が分かるかもしれない。さらには、変化に関わる新しい情報が見いだされるかもしれない。そこで、特に目に止まった相違を二つ三つ取りあげて検証してみることにする。

① 文の呈示場所・呈示方法

文の呈示場所などに関わって直訳文と訳読文、漢文との間に見られる相違（四―3〜5）が、直読消滅や訓読存続などについて何か語っているのか否か、判然としなかった。しかし、漢文上における加点が〈直読から訓読へ〉という変化の端緒になったことや、加点から訓読へという進行はメカニカルに進むことなどが明らかになった現時点においては、そのことについては次のように説明することができる。

呈示場所などについての相違は、訓読については声読の対象となる直訳文の漢文上における呈示に関わっている。ところで、その直訳文は訓読の構成要素として常に訓読とともにある。訓読の成立や発展などについてももちろん訓読の構成要素として常に関わっている。この点においいて、呈示場所などは直訳文を通していつも訓読に関わっているということになる。一方、加点によって直訳文がひとたび漢文上に呈示されると、加点漢文上においては自動的にその声読つまり訓読が行われる。ここに訓読が成立し、そしてその後、訓読優位、直読後退の併存などが始まる。この進行は一種のメカニズにのっとって行われるものなので、それに呈示場所などが少なくとも直接関わる所はない。このことはつまり、呈示場所などは訓読と無関係ではないものの、もとより常時、またそのすべてに、とりわけ〈直読から訓読へ〉という変化に直接関わっているわけではないということである。そして同時に次のようなことを述べている。〈先の比較は呈示場所などがいつ、どこで、どのように訓読に関わっているのかを把握する以前に行ったものだったので、比較の結果見出された相違に訓読の進展などに関わる情報があるのかないのかが判然としなかった。〉

②　読むことにおける複雑さ

文を読み進めていくことにおいて直訳（文）は複雑で訳読（文）また直読（文＝漢文）は容易であるという相違がある。またそれに伴って必要とされる労力においても相違が生じる（四―3～

5・7)。しかし、それが直読の衰退、また訓読の成立や伸長などについて何か語っているのか否か判然としなかった。しかし、〈直読から訓読へ〉という変化についてのその後の考察を振り返ってみると、複雑さは加点漢文における直訳文の作成・再生またその声読、つまり訓読の成立に関わって生じるものなので、その相違を通して訓読の成立やそれと直読との関係などについての情報がいろいろ得られるのでないかということになる。とはいえ右に述べたように、先の比較においては情報の有無さえ判然としなかった。そこでその理由をとらえるべく改めて訓読の成立と複雑さとの関係を見てみると、複雑さは訓読成立に伴って生じるものであること、したがってそれは訓読の成立などに関わってはいないということになる。そしてここに至って情報の有無が判然としなかったことについては、次のような説明が可能となる。

文を読む際における複雑さやそれに伴う労力は、確かに訓読の成立、すなわち直訳文の作成やその声読に関わってはいる。しかし、それは訓読が行われる際、訓読に付随して結果的に生じるものに過ぎない。加点漢文において訓読の成立や伸長などは一種のメカニズムにのっとって機械的に進行する。したがって、その複雑さは訓読に関わってはいるものの、その成立や伸長などにまで関わっているわけではない。これはつまり直訳文を声読する際に生じる複雑さや労力の必要性にはもともと訓読の成立などについて語るものはなかったということ、そしてまた複雑さなどにおける相違にはもともと訓読の成立や伸長に関する情報などなかったことを述べている。さらにそれは、〈相違における情報の有無が当初、判然としなかったのは、先の訓読と訳読、直読との比較が、訓読の成立などに複雑さがどこでどのように関わっているのか、その把握以前に行われたことによる〉ということも示している。

③　直訳文と漢文との関係の視覚的アピール

「①呈示場所・方法」に関わって漢文上における直訳文の呈示は、直訳文が物理的に漢文と密着していること、直訳文は漢文から作られること、すなわち漢文と言わば母子関係にあることなどを紙面において視覚的にアピールするものとなっている。一方、原文から離れている所に呈示される訳読文はこのようなアピールには無縁である。この違いについても訓読伸長などに関わる情報の有無は判然としなかった（四―5・四―8―3）。しかし、その後、漢文上における直訳文の呈示、加点による、漢文の加点漢文化は〈直読から訓読へ〉という変化の端緒になっていることが明らかになった。漢文の加点漢文化は文のレベルにおける変化である。今このことと、漢文と直訳文との物理的な密着さ、そしてその視覚的アピールとを重ね合わせてみると、ここに次のようなことが想定される。

この緊密さのアピールは、漢文上における直訳文の呈示、つまり加点漢文化の結果生じたものである。しかしそれは、翻訳文である直訳文と原外国語文である漢文とは意味内容的に同等のものとして取り扱われることを背景にして、直訳文は漢文から生まれること、漢文の正統な後継者であること、漢文のまさに成り代わりであることを視覚を通して漢文関係者に強く訴えかけるものとなっている。

ちなみに視覚的アピールの中には漢文中の漢字と訓点とにより漢文から直訳文が作り出される、その過程の可視化ももちろん含まれるが、この訴えかけと、漢文から加点漢文への変化とはあいまって次のようなことを示唆している。

視覚的アピールは漢文の加点漢文化を促進するものとなった。

〈加点漢文＝直訳文は意味内容的に漢文の正統にして同等の成り代わりである〉ということの視覚的アピールは、漢文でなく漢文が転じた直訳文を通しても漢文の意味内容を過不足なく伝達し、また把握できるということを視覚的に保証するとともに、そのことを漢文関係者に印象づけるものとなっている。それだけでなく、それは漢文が加点漢文に転じる際における言わば潤滑剤にもなった、すなわち加点漢文化の円滑な進行、拡大に貢献したに違いない。加点を出発点として漢文の加点漢文化は自動的に始まる。したがって、加点漢文化の結果生じた、漢文と加点漢文＝直訳文との緊密さの視覚的なアピールが加点漢文化の起因となっていないことは明白である。しかしながら、それが周りめぐって自身を生んだ、ほかならぬ漢文の加点漢文化に貢献したということになる。

なお、加点漢文化は漢文声読すなわち直読の衰退、加点漢文＝直訳文声読すなわち訓読の成立、伸長の源である。したがって視覚的アピールはつまるところ〈直読から訓読へ〉という変化にも間接的ながらその進行を推進するものとして参加したということになる。

以上、当初は緊密さのアピールに関わる相違に即座に訓読についての情報を見出すことができなかったが、それとその後の考察とから、そこに〈直読から訓読へ〉という変化に関わる新しい情報を得ることができた。

第六章　平安時代儒学界と直読

少なくとも奈良時代以降における儒学界の直読は朝廷の支配下にあった。当然、既に述べたように儒学界の直読の興亡については朝廷やそのもとにあって儒学のセンターとなっていた大学寮、煎じ詰めればその中の音道、音博士のそれとの関連を無視することはできない。

1　朝廷・大学寮の衰退と漢音直読

儒学による律令制政治を目指していた朝廷は、遅くとも奈良時代から律令官僚養成を目的として大学寮で儒学教育を行っていた。そしてその基礎として漢音直読教育を積極的かつ組織的に進めていた。大学寮は日本唯一の儒学のセンターとして日本儒学界に儒学ともに漢音直読を広め、そして定着させた。儒学界の直読が朝廷や大学寮と密接不可分の関係にあるということは、直読が衰退し全面的に消滅するに至った原因、控えめに言えばその一因はそれを支えていた大学寮、さらに朝廷の衰退にあったのではないかということを示唆している。そして、実際、周知のように平安時代を通じて朝廷は衰退に衰退を重ねた。それが朝廷の一部局である大学寮に及ばなかったはずがない。ここにおのずと、〈その余波は直読教育にも及び、最終的には儒学界直読の全面的消滅へと至ったのではないか〉という筋道が浮上してくる。そこで、朝廷の衰退を踏まえながら平安時代の大学寮また直読教育の推移を以下、穿鑿してみることにする。

2　大学寮衰退

平安時代を通じて大学寮は弱体化した。久木（一九九〇）は「十世紀半ば以降、大学寮が焼失する一一七七年までの約二〇〇年間は、…大学寮の衰退期である」と述べる。衰退の背景には貴族政治による律令制崩壊の進行、それに伴う朝廷の政治力の低下などがあった。さらに平安末期になると武士の台頭も加わった。衰退期、大学寮では例えばもともと優遇されていた上流貴族子弟のさらなる優遇を初め、寮生に関わる各種試験の形骸化、教官職の世襲、そして有力貴族の、大学寮教官の栄辱への関与等々、大学寮本来の機能を低下させるようなことが次から次へと生じた。大学寮の骨格に関わる伝統の数々が弱体化ないし破壊されたことは、大学寮の学的レベルの低下、その一環としての直読教育の弛緩を招いたに違いない。ただし、平安時代を通じて、またその後も朝廷は釈奠を行っていることに象徴されるように、大学寮は大学寮としての機能をそれなりに果たしていたこともまた一方の事実である。いずれにせよ、朝廷、大学寮衰退の中で一つ直読教育がより盛んに行われるようになったなどということが起こるはずはない。このようなことや直読は結局消滅したということをかんがみて今、平安時代朝廷や大学寮において、あるいは直読衰退に関わっていたかと思われることをいくつか取りあげ、その可能性を検討してみることにする。

2—1　大学寮焼失

一一七七年の焼失に関して注目されるのは、その直後に早くも釈奠の開催が朝廷の話題となったことである。結局、別の庁舎で執り行われることになったが、このことは平安時代、朝廷において釈奠がいかに重視されていたかを示しているとともに、釈奠の直読はやはり特別のことだったのでないかということを示唆しているようにも見える。ただし、建物の再建はなかった。その理由は判然としない。朝廷には再建するほどの財力がもはやなかったのかもしれないし、あったとしても既に律令制が衰退している中で朝廷にとって律令官人養成の大学寮などもはやその建物を再建するほどの価値がなくなっていたのかもしれない。いずれにしても、大学寮の校舎が焼失したことは、儒学の研究と教育の場が失われたことを意味するものにほかならず、四五〇年以上の歴史を持つ大学寮にとって致命傷にもなりかねない重大事であったに違いない。そしてそれは直読教育、それを担当する音道、音博士にとっても大きな痛手となったとしか考えられない。

2—2　家学化

大学寮教官職の世襲は十世紀以降顕著になった。それぞれの学科の家学にはそれぞれ重視する儒書やその解義、学説などがあり、そしてそれがそれぞれの家学の特色を形作っていたはずである。このことと漢文の読み方とを重ね合わせると、既に訓読や日本儒学の研究者に指摘されているように、訓読は家学にとってきわめて好都合なものであったということになる。なぜなら、まず採用する加点法、訓読法においてそれぞれの家学の独自性の発揮、またその保持ができるからである。次にそれに関わって漢文上に呈示する直訳文においてそれぞれの家学の漢文解義に関わる特色の明示と保持ができるからである。もちろん、いずれも家学のアイデンティティの確立に貢献する。ちなみに、この点において訓読は直読と対蹠的である。なぜなら、直読は大学寮をその発信源とすることから大学寮各学科はもとより儒学界、各家学を通じて共通のものだったからである。直読は家学のアイデンティティ確立などには不向きのものであった。このことは訓読がそれに向いていたこととあいまって、直読の衰退、訓読の伸長を促進するものとなったのでないだろうか。

2―3　明経家の音博士吸収

平安時代中期以降、明経家の中原・清原両家が音博士を兼ねるようになった。それは、次のようなことによると考えられる。

①音道は少なくとも大学寮設立当初、その中心学科であった儒学科＝明経道の基礎教育部門に相当するものであった。

②明経博士の方が音博士より官位が高かった。

③明経道専門家は自身が学生の時に音博士から直読を学び、また自身の儒学、儒学教育においても直読を行っていた。したがって両家には大学寮新入学生に対する直読教育を行える程度の能力を持っている者がいたに違いない。

なお、専門学科の卒業生や教員などが語学教育を行うことは、今日の大学などでもごく普通に見られることである。ただし、本来明経教育に専念すべきこの家柄の人物が、奈良時代以降、長年にわたって直読教育のみを行ってきた音道・音博士の職務を十分果たせたのかどうかは、疑問である。すなわち、明経家の音博士兼任は音道、音博士の軽視、さらにはその背景に直読教育の低下、直読の後退があったことを反映しているのでないだろうか。

また、明経家が音博士の職を自家に取り込むということは、音博士が明経道の教官になるということ、つまり後ほど取りあげる鎌倉時代の音博士のように儒学教官になるということである。したがって、この点においてもこの吸収は直読教育の軽視、弱化を物語っていると解釈することが可能である。

3 大学寮衰退からの説明の限界

平安時代、朝廷も大学寮も衰退した。その中で一つ音道だけが盛んになるはずがない。さらに前節で述べたような、音道にとって不利益となりうる〈1大学寮焼失、2家学化、3明経家の音博士吸収〉なども起こった。これらを重ね合わせると、〈中期以降、音道は衰退していった。それに連動して直読教育も衰退していかざるをえなかったのではないか〉としか考えられなくなる。しかし、音道の衰退はあくまでも音道の衰退である。それは直読教育そして直読の消滅まで語っているわけではない。しかも前節2―1〜3については、「1焼失」は教場の喪失になるので音道衰退の一因となっている可能性が高いのでのさておくとしても、その2と3とが音道衰退の一因となったのでないかということについては疑問が生じてこないわけではない。

2家学化：平安時代には家学と訓読との結びつきは必ずしも顕著でない。それは家学が家学として存立することにおいて訓読に依存する必要性などまださほど高くなかったことを反映している。そしてそれは平安時代の家学は大学寮内の各学科内部におけるものにすぎなかったので、各家にアイデンティティ確立の必要などあまりなかったことによるのかもしれない。いずれにせよ、現段階においては家学と訓読とは結びつきうるもの同士であるということは言えても、両者の関係が訓読推進、直読後退の一因となっていたとまでは断言できない。

3 明経家の音博士吸収：そもそも素読による直読教育のみを行う科目の設定、またその専門教官の配置などは中国や朝鮮などにその例を見ない。一方、専攻専門教員が語学教育も行うことなど少なくとも今日において珍しいことではない。ひるがえって大学寮の根本的な目的は儒学教育＝明経教育を行うことにある。ここに、明経道が音道を吸収合併したのは〈それによって明経道教官の増員と明経道教育の充実を図るとともに、明経道で素読をも含む直読教育を行うためだった〉、つまり大学寮における一種の合理化と解することもできる。特に直読教育に限って言えば、吸収は〈それまでの素読のみによる直読教育の廃止、新しい直読教育の開始〉を意味するものであった可能性がないでもない。すなわち、次の諸点はあいまって〈この吸収は、それまでの素読のみによる漢音直読教育から、素読教育を行いつつその教科書の漢文の意味内容をも必要に応じて教える、その点においてより一般的な発音教育方法への変更を意図して行われた〉可能性もあることを示している。

a音道における教科書は『蒙求』を初めとする儒書である。

b吸収後の直読教育は明経道所属教員によって行われた。

c（右に述べたように）少なくとも今日の語学の声読教育においては、文学や経済学などの専門教員がそれを行うことなど珍しくない。なお、その際には、教科書の文や語句のその意味内容の説明も同時に行うのが普通であるが、その方が声読教育がスムーズに進むと言えるのかもしれない。

d中国はもとより朝鮮には音道、音博士に相当する役職はなかった。これは中国はともかくとして朝鮮半島での儒書における直読教育は儒学教育教員によって行われていたということを物語っている。

このような見方の当否は残念ながら不明である。しかし、明経道の音道吸収が直読教育の低下や衰退の一因となっていたとすることへの疑問とはなっている。

大学寮衰退を背景にしてここまで行ってきた、教官職の世襲化、明経家の音道吸収などと直読衰退との関係についての考察は、それぞれが直読衰退の一因かということを示唆している。その一方、そうでないのでないかということをも同時に示唆している。これはこの面からの説明には限界があることを物語っている。そこで、直読消滅の理由や過程についての穿鑿はここで一旦止め、儒学界における直読消滅の時期に視点を転じて、その特定をすべく音道、音博士の存亡時期についての検討を進めていくことにする。

4　音道・音博士の消滅

訓読の出現、伸長によって直読は消滅した。しかし、儒学界において漢音直読は少なくとも奈良時代以降行われてきている。釈奠での直読を語る『江家次第』の作者大江匡房の没年は一一一一年である。例えば奈良時代からその頃まで大学寮で直読が行われていたとすると、漢音直読はおおよそ四百年間行われ続けたということになる。その間には周知の、桓武天皇（七三七―八〇六）のいわゆる漢音奨励の勅が出された。また正史には平安初期における漢音学習にまつわる毀誉褒貶のことが数回載せられてもいる（湯沢一九九六）。これらはすべて儒学界において漢音直読がいかに大切にされていたかを物語るものにほかならない。ちなみに、かつてにおける漢音直読の定着は、漢音が今日まで体系的に残存していることを通してうかがわれる所であるが、その直読が「十世紀中頃」に現れた訓読によってそう簡単に儒学界、大学寮から姿を消すはずがない。このことや次の三点を考え合わせると、〈平安時代を通じて少なくとも音道、音博士は直読教育を行っていた〉と言ってもよいように思われる。

①朝廷による釈奠は平安時代以降も行われた。

②（先述のように）大学寮焼失直後、朝廷ではその年の釈奠開催のことが話題となり、釈奠は別の庁舎で執り行われた。

③寮舎の焼失、再建無とはいえ、それで大学寮解体となったわけではない。少なくとも官制上は鎌倉時代においても大学寮、音道・音博士は存在していた。

平安時代、儒学界、大学寮は衰退した。一方、儒学界、大学寮で訓読は拡大した。しかしながら、大学寮が衰退してもそこに直読教育を使命とする音道、音博士は存在していた。したがって平安時代、儒学界、大学寮では最低、一部儒書の直読くらいはなお行われていたはずである。もっともこれは音博士が直読教育という彼本来の職務を果たしていたという前提のもとでの推定であるが。

5　鎌倉時代の音道・音博士

大学寮は寮舎焼失後も残り、釈奠も行われた。衰えたとはいえ朝廷は存続している。平安時代を通じての朝廷の衰退は律令体制の衰退にほかならず、それは既に述べたように当然律令官吏養成のための教育機関である大学寮の衰退を招くことになる。ただし、形骸化し官制上だけの存在になったとしても大学寮が消えてなくなったわけではない。そしてそこには音道もある。音博士も配置されている。このような状態は朝廷は朝廷として存続していた中世鎌倉時代においても変わらなかった。とはいえ、もともと大学寮の中心学科であった明経道や紀伝道またその教官などと比べると学問の基礎の基礎を担う、言わば陰の存在であった音道や音博士に関する言及は少ししか報告されていない。その中にあって管見では鎌倉時代における清原教隆（一一九九―一二六五）に関わって音博士という語が現れている。

和島（一九六五）は『吾妻鏡』などを参照しつつ次のように述べている。

清原氏の家学を継ぎながらも最も早く幕府に仕えたのは教隆《のりたか》である。教隆は大外記頼業の孫で…音博士で三河守を兼ね…鎌倉に出仕し…建長二年（一二五〇）二月中原師連とともに将軍頼嗣《よりつぐ》の師として『帝範』（唐太宗著）…を講じた。

教隆は音博士の身で『帝範』を講じたという。清原家は明経家であることと、先述のように平安時代明経道は音道を吸収したことから、教隆の音博士就任について特に疑問はない。しかし、本来は直読教育のみを行うはずの音博士の肩書きを持つ彼が儒書の講義をしていることは注目に値する。教隆は将軍藤原頼嗣（一二三九―一二五六）の儒学の師となっていることや後にもともと明経道の教官職である直講に昇進していること、また、金沢文庫の創立者北条実時（一二二四―一二七六）の儒学の師となってもいることなどから知られるように、鎌倉儒学に貢献した碩儒である。そして彼を通して音博士は遅くとも鎌倉時代においては既に明経道下位の教官の職名となっていたことが知られる。なお、音博士は従七位上、直講は正七位下である。また当時、頼嗣は十歳余り。公家出身である。教隆などから「唐太宗著」の儒書などの講義を受けていることからして、既にそれ以前に儒学を学んでいたに違いない。

ところで、教隆は漢音直読を行い直読教育も行っていたのだろうか。将軍が直読を学んでいたのかどうかは不明であるが、教隆が十歳あまりの者に〈直読→漢文解義〉の形で講書を行ったとは考えにくい。ちなみに、大学寮は十三歳以上十六歳以下の貴族子弟が入学可とされていた。これに照らし合わせると、大学寮が規定どおりに運営されている時代にあっても将軍と同じ年齢の少年で直読の学習を終えていた者などいなかったのでないかと言わざるをえない。もっとも、かつて九世紀には大学寮入学前の貴族児童に直読を教える私学があった。そのことを伝えることわざとして鎌倉時代初期、平康頼（?―?）が編んだ『宝物集』の「勧学院の雀は蒙求をさえずる」がよく知られている。しかし、藤原氏の創設になるこの勧学院も他氏の私学もはるか以前、平安時代の内に消滅している。

儒学界に訓読が確固として定着していた鎌倉時代において、少年将軍に対して〈直読↓漢文解義〉の講義を行った可能性は低い。すなわち、当時の音博士は音博士本来の職務である直読教育には無関係の、直読をせずに儒書の講義を行うだけの教官だったのでないか。

なお、音博士が直読教育を行わず日本語のみで儒学の講義をするのは、一見奇妙に見える。しかし、訓読のみとなった後世の儒学界においても字音＝漢音についての議論は絶えることなく行われた。このことは次のようなことを物語っているのでないだろうか。

明経家に吸収された後、音博士という称号は〈直読に通じた明経学者〉、次いで〈字音に通じた明経学者〉に対して与えられるものに転じた。

教隆の時代には、既に後者の称になっていたのでないだろうか。

6　鎌倉時代の武家と直読

平安時代に引き続いて鎌倉時代以降になっても博士家は権門貴族と密接な関係を保っていた。

それはもはや儒学界の中枢部は朝廷でなく有力貴族の支配下にあったということである。その一方、新たに台頭してきた武家とも関係を持つようにもなった。それは律令制に立つ朝廷のもとで武家が権力を得るには、その根幹となっている儒学の専門家、つまりは明経道教官の助力が欠かせなかったことによる。このように武家との接触は武家の求めに応じて実務的な面から始まった。しかし、時代が進むにつれ金沢文庫の設立にその典型を見るように、儒学＝博士家と幕府また有力武家との関係も徐々に密になっていった。それは武家社会における博士家の武家権門への傾倒、儒学界が徐々に武家との関係なくしては成り立ちがたくなっていったことを物語っている。その中で教隆のように幕府に仕える儒者や実時のように儒学に関心を寄せる武家が現れてくるのは一つの必然である。

しかし、武家社会において組織的な儒学教育など行われてきたわけではない。また学問として儒学を学ぶ習慣があったわけでもない。したがって、総じて武家の儒学への関心度は薄く、鎌倉武家社会において儒学は一部有力武家において個人的個別的に学ばれるに止まっていた。

このような状況、そして既に平安時代において儒学界には日本語だけで儒学を学べる訓読が一般的になっていたこと、直読が行われていたとしてもそれは大学寮内などに限られていたとしか考えられないことなどはあいまって、次のようなことを示している。

よしんば音博士が大学寮で直読教育を行っていたとしても、それをそのまま武家社会に持ち込んだ、持ち込めたなどとは到底言えそうにない。

さらに右に述べた、従来儒学には縁遠い武家が儒家、儒学に接し始めたのは実務的な必要性にあったことに関わって、〈そもそも律令制の破壊者であった当時の武家がその律令制を支えていた儒学を本格的に学ぶ必要があったのかどうか〉という疑問も生じてくる。そして、世は南宋、唐音の時代にあって唐代中国字音に由来する日本化した字音＝漢音を学び、その直読から儒学を学習し始めなければならない理由など武家にあったとは思えない。

以上をまとめると次のようになる。

鎌倉時代、武家社会においてだけでなく朝廷、大学寮においても、もはや音博士に対する直読教育の需要はなくなっていた。また既に彼にはそれを行う力もなかった。彼に求められていたのは家学である明経道の研究と教育だけであった。

朝廷、貴族の社会から武家の社会に変わったことが、儒学界における直読教育、直読の消滅の決定的な原因となったのであり、そしてそれは鎌倉時代極初期のことであったとするのが妥当と考えられる。

7　儒学界での直読消滅

鎌倉極初期に儒学界から直読が消滅していたのでないかということは、実は平安時代末において消滅した可能性を必ずしも否定するものではない。なぜなら、平安時代の内に武家は政治権力のかなりの部分を占めるようになっていたからである。また、繰り返し述べているように平安時代の朝廷、儒学界においては直読教育、直読の衰退を招く可能性のあることが生じていたからである。前節で述べた武家社会における儒学や直読の必要性、また右に述べた平安末における朝廷や儒学界の状況を合わせると残念ながら確たる証拠はないけれども、直読消滅については次のような結論に至る。

儒学界から直読が消滅する原因は既に平安時代にあった。したがって、末期には既に消滅していた可能性がある。いずれにせよ少なくとも鎌倉時代、本来儒学を必要としない武家社会になると直読は早々に、しかも完全に消滅した。

第七章　儒学界と仏教界

これまで折々〈直読から訓読へ〉へという変化に関わって仏教界にも触れてきた。またその中で両界間の異同についても若干述べた。本章ではそれも含めて両界における共通点と相違点との大概をまとめてみる。

1　共通点

共通点は〈直読から訓読へ〉という変化の原因とその過程が大筋において両界同じと見られるということに尽きる。

直読や訓読における両界の関係を整理してみると次のようになる。

①仏典も儒書も、ともに漢文で書かれている。

②仏教界は加点、訓読において儒学界に先行した。
③儒学界での加点、訓読は仏教界からの移植によって始まった。
④仏教界の一部仏典を除くと、直読は仏教界儒学界から完全に消え去った。
⑤仏教界には『宇津保物語』のように直読と訓読との関係について語る文献の報告はない。
しかし、加点仏典においても、儒書における〈加点↓訓読↓訓読直読併存〉、あるいは加点漢文における〈併存＝訓読優位・直読退行↓訓読存続・直読消滅〉というメカニズムが働かないはずがない。そしてそれは④の、一部仏典以外の仏典における直読消滅に明らかである。

これらはあいまって、〈直読から訓読へ〉という変化の生じた原因、またこれに関わって直読が衰退、消滅していった過程や理由などは、儒学界を中心として行ってきたこれまでの検討がほぼ、そのまますべて仏教界についても当てはまることを示している。そして、それとともに訓読仏教界先行は、少なくとも加点仏典においていち早く〈加点↓訓読成立↓併存（訓読先行・直読後行）〉という一連のメカニカルな進行が生じたことを物語っている。

ただし、仏教界と儒学界は別々の目的のもとで別々の文献を取り扱う別々の世界である。当然、一方では必然的に相違もまた生じてくることになる。

2　相違点

既に挙げたものも含めて両界の比較において看過しがたい相違としては次のようなものがある。

2―1　直読一部残存と完全消滅

直読は仏教界では一部仏典において残存、儒学界では完全消滅となった。仏教界での残存は各宗派のアイデンティティの確立、仏教儀礼などにおける必要から生じた特例である。ただし、その仏典が訓読されないというわけではない。

一方、儒学界にも各学科や各博士家などの集団こそ存在したものの直読は全面的に消滅した。その理由は次の二点にある。

①各集団を構成する人物は、大学寮で横断的に同じ直読を同じ指導者＝音博士から学んでいた。したがって、直読は各集団のアイデンティティの確立に用いにくかった。

②各集団間には直読を用いて自身のアイデンティティを確立しなければならないほどの対立はなかった。

ところで、残存の有無については、宗教と学問との違いも関わっている可能性がある。日本では古来、仏教は宗教として受容される一方、儒学は学問として取り扱われる傾向が強かった。取り分け律令制採用後は国家の骨格を形成する学問として取り扱われるようになった。外国語音、またそれを連ねた直読は、一つ漢文の意味内容を音声で伝達するだけでなく、いろいろな音的効果をもたらす。そしてそれは仏教界における各宗派のアイデンティティの確立に貢献してきた。すなわち、直読は宗教的な雰囲気や崇高さ、神秘性を醸成し、形而上学的なものの存在を感じさせるよすがとなる。そしてそれが一部仏典における直読残存の理由となった。

しかし、論理性や合理性を重視する学問としての日本儒学には、そのような音的効果は不要である。朝廷は律令制下、儒学に基づく国家建設のために中国儒学を身につけた官僚の養成を急いだ。そして大学寮を作った。その大学寮において、儒学の基礎の基礎として真っ先に、しかも徹底的に学生に教えたのが漢音直読であった。その直読に神秘性など無用である。儒書読解という知的な作業において形而上学的なものなど役に立たない。というより障害となりかねない。このような、直読の音的効果に対する必要のなさも儒学界における直読消滅の一因となっていたに違いない。そしてそれは、大学寮における直読の一元的な教育や、アイデンティティの確立を直読において行わねばならないほどの集団間の対立など大学寮にはなかったことなどとあいまって、儒学界における直読の全面的消滅を招いたのではないかと考えられる。

2―2　訓読成立時期の遅速

訓読の成立は仏教界に始まり儒学界に拡大した。加点、訓読における仏教界の先行、儒学界の後行はなぜ生じたのか。

両界ともにもちろん漢文文献を常に取り扱っていた。そしてもともとは漢文の読解を直読とそれに続く解義とによって行っていた。その点においてはまったく同じであり、そこに訓読導入時期の遅速の因を見いだすことなどできない。

また、両界は別々の世界なので仏教界での訓読採用の情報が円滑に儒学界に伝わらなかったことが遅速の原因であるとするのも無理である。なぜなら、両界に交わりがなかったわけではないからである。例えば周知のように空海（七七四―八三五）は儒学にも造詣が深かった。彼ほどでなくても儒学に依拠した律令国家のもとで既に国家仏教が成立していた平安時代にあって、両界に関わっていた皇族や貴族、官僚あるいは僧侶など、枚挙のいとまがないほどいたはずである。当然、両界においては平安以前から両界を支えていた漢文文献の取り扱い方や読み方についての情報が絶えることなく行き交っていたとしか考えられない。

そのほか、例えば次のような、読むことに関わる基本的なことにおいても両界は共通している。

a 漢文を読むことの主たる目的はその意味内容を把握すること、すなわちその解義にある。

b漢文解義における訓読のメリットは両界において変わらない。

c仏典であれ儒書であれ、日本に渡来するやいなや即座にその翻訳が行われもすれば、その一環としてその完成度はともかくとして翻訳文も作られることになる。すなわち、訓読成立以前、両界においては既に音声的には直訳文のもととなるものが存在していた。

そこで今、〈仏教界には訓読導入を阻むものがなかったが、儒学界にはそれがあった。そのために儒学界では導入が遅れたのではないか〉という観点に立って、両界間の相違にその阻むものを探しみることにする。

2―2―1　奈良時代直読における両界の相違

仏教界訓読は平安時代初期に始まった。これは遅速に影響を与えた相違があるとしたらそれは既に直読のみの奈良時代にあったということ、また当然のことながらそれは漢文をいわば舞台として直読に関わってあったということを示唆している。奈良時代の直読に関わる両界間の相違と言えば、真っ先に視野に入ってくるのは使用字音における相違である。

①　仏教界呉音・儒学界漢音

既に見てきたように、奈良時代においても併存の時代においても、そして訓読のみの時代になっても〈仏教界は呉音、儒学界は漢音〉という原則が保持されていた。では、使用字音におけるこの相違が奈良時代において訓読導入に関わっていたのかどうか。使用字音の相違は使用字音選択の範囲を出ない。したがって、それが、少なくともそれだけでもってそれと直接関わりのない次元にある訓読の採否に影響を与えたなどとは言えそうにもない。では、ほかに直読に関してどのような相違が両界間にあったのか。ここにまた浮上してくるのが、①の使用字音にも関わる、儒学界における漢音強制のことである。

②　儒学界の漢音強制

仏教界には直読使用字音に関わる強制らしい強制はなかった。奈良最末期から平安極初期にかけて、エリート僧採用試験において一部仏典のその一部について漢音読誦が課せられたことくらいしかない。しかもそれはまもなく廃止された（湯沢一九九六）。そこで本書では仏教界には使用字音の強制はなかったとして考察を進めているが、果たして強制の有無が訓読導入の遅速に関わっているのかどうか。とりあえずまずは儒学界における漢音強制のことを改めて把握し直しておくことにする。

律令制施行において朝廷は律令官人養成のための学校＝大学寮を設け、そこで儒学教育を行った。その際に使用する字音としては、従来用いていた呉音を廃して漢音と定めた。それは朝廷の骨格を支える唐の儒学を唐から学ぶには、唐における当時の使用字音である漢音がふさわしかったことによる。政策として行われた漢音強制によって儒学のセンターである大学寮はもとより儒学界全体にわたって漢音直読が行われるようになった。

さて、直読は漢文本来の、中国字音使用の読み方である。本来の漢文読解方法においてはその冒頭で行われ、そして日本語による漢文解義の導入役をも負っている。ひるがえって、訓読は漢文の翻訳文である直訳文を日本語音で読むものである。すべて日本語で行う漢文解義の、その先頭に立つ。朝廷の漢音強制に、この訓読と直読との相違を重ね合わせると、ここに遅速についてはおのずと次のような解釈が想定されることになる。

漢音直読による唐の儒学の摂取を目指していた朝廷は、儒書漢音直読強制政策を採った。それを受けて大学寮から儒学界は漢音直読を行った。そしてその後に日本語による漢文の解義を続けた。一方、漢文の翻訳文を声読する訓読は漢文読解においてもちろん漢音直読を必要としない、ないし必ずしも必要としない。したがって、漢音直読を絶対視する、ということは読書に際しては最初に漢文漢音直読を、次にその解義を行なうことをよしとする朝廷や儒学界などにおいて、訓読は受け入れがたいものとなった。そのために儒学界では訓読の導入が遅れた。

訓読は直読の有無などとは無関係に、日本語のみで行う漢文解義の冒頭に立つ。その点において至極便利なものである。しかしながら、漢音直読を儒学の基礎の基礎と位置づけ、組織的徹底的にその教育と実践を行ってきた朝廷、儒学界などは、その直読をないがしろにしかねない訓読の導入に対しては当然慎重にならざるをえなかった。その結果、儒学界における訓読導入は遅れたのでないか。

ただし、ここに〈仏教界には同様の懸念が起こらなかったのか〉という疑問が生じてくる。

③　仏教界における呉音直読

仏教界には朝廷による漢音直読強制も呉音直読強制もなかった。仏教界は仏教界の意思に基づいて奈良時代においては呉音直読専用であった。平安時代、仏教界にはいろいろな加点法が行われたことや、仏典読誦は各宗派のアイデンティティの確立に関わること、加えて奈良時代、既に仏教界には宗派や寺院における教義の相違があったことなどからして、おそらく奈良時代においても呉音直読は一つ仏展読誦においてだけでなく各宗派のアイデンティティの確立においても利用されていたものと推定される。一方、もちろん訓読についても朝廷その他、外部からの干渉などあるはずがない。したがって、その導入如何も仏教界の意思に任されていたとしか考えられないが、仏教界における直読と訓読について忘れてはならないのは既に繰り返し指摘してきた。一部仏典における直読残存の事実である。このことは訓読導入とあいまって、仏教界各宗派においては必要に応じて直読は直読として保持されたということを明言している。一部仏典残存は漢音や唐音の場合も同じである。すなわちこれは仏教界では訓読のメリットはメリットとして享受しつつ、直読は直読としての利用価値を生かし続けてきたことをはっきりと物語っている。そしてこのようなことを踏まえた上で改めて仏教界における訓読導入のことに戻ると、仏教界では訓読の導入は円滑に進んだとしか解せられなくなる。つまり、仏教界では既存の呉音直読と新生の訓読との言わば棲み分けが理想的な形で進んだのではないかと解釈される。だからこそ、仏教界においても訓読は早々に導入され仏典の解義はもとより宗派のアイデンティティの確立などにおいても存分に利用されたに違いない。ちなみに、平安時代における加点法の多様性から仏教界では訓読導入も各宗派ごとに多元的に、しかもかなり自由に行われていたと推察される。そしてこれに関連して、朝廷、大学寮により一元的に直読が統制、管理されていた儒学界の場合は概して訓読導入、直読停止も一元的一律的に進行したと推察される。そしてよしんば一部儒書において、あるいは音道などの一部集団において直読が必要とされていたとしても、訓読が導入された後はまさにそれは儒学界の一部において特例的に許容されるだけだったのではないか、あるいは釈奠がその場だったのではないかと考えられる。

なお、加点に始まるメカニカルな進行により訓読は成立したことから、アイデンティティ確立への訓読の寄与は、やはり訓読成立の原因となってはいないということになる。しかし、平安時代仏教界における多様な加点法の出現からして、既に平安初期仏教界においてその寄与は早々に認定されていたのでないだろうか。そしてそれは儒学界におけるアイデンティティ確立の必要性は仏教界に比べるとかなり低かったこととあいまって、儒学界における訓読導入の遅れには儒学界各集団におけるアイデンティティ確立における訓読の必要度が低かったことも関わっていることを示唆しているようにも感じられる。

以上、仏教界には訓読導入の支障となるものはなかったと考えられる。

2―2―2　儒学界訓読成立の時期

儒学界では漢音政策が訓読の導入を遅らせた。しかし、言うまでもなく訓読が行われなかったわけではない。ここに次のような疑問が生じてくる。

「十世紀中頃」になって加点儒書が現れてくるが、それはなぜか。

本書は訓点文献の出現時期を訓読開始時期と見てこれまで考察を進めてきたが、この「十世紀中頃」における出現は、十世紀後半成立の『宇津保物語』はその成立当時既に儒学界において訓読が一般的になっていたことを示していることと重なって、次のようなことを述べている。

儒学界では「十世紀中頃」成立した訓読が十世紀の内に一般化していた。

ところで、儒学界におけるそのような訓読の成立と発展は、儒学界のセンターである大学寮における漢音強制の弛緩がなければ成り立たないはずである。十世紀、またそれ以前の大学寮に関してそれを引き起こしたものは何なのだろうか。これまでの大学寮に関わる考察を振り返ってみると、それは十世紀半ば以降における大学寮の衰退ということに行き着く（六―2）。大学寮の衰退の萌芽は例えば九世紀に始まる学問の世襲化つまり家学化の兆しや規律の乱れなどに見られるが、それが十世紀において顕著になったということは、その一環として〈十世紀半ばになると、漢音直読強制も弱化した〉可能性があることを示している。

もとより、訓読には〈その習得に苦労する直読をせずに漢文の意味内容を把握することができる〉という現実的なメリットがある。その上、仏教界では既に平安初期から盛んに行われてもいた。そこに、漢音強制の源として漢音直読教育を行い、そして実際、それを儒学界に発信し続けていた、大学寮自体の衰退が加わった。それはおのずと漢音強制についてはその緩みとなり、訓読導入の契機にもなったに違いない。

ちなみに、十世紀、漢音強制の背景となっていた、朝廷の、唐文化摂取による律令制の確立に関してはいろいろなことが起こっている。例えば、その唐との国交は既に九世紀末から完全に途絶えていた。また、そもそもその唐自体も九〇七年に滅亡した。さらに国内では周知のように、律令制が弱化し、それとともに朝廷の政治的な権力も低下していた。朝廷のもとにあった大学寮もまた衰退した。そのような状況の中で、朝廷また大学寮に、既に二百年間続けてはきたものの律令官僚養成のための教育、なかんずく漢音直読教育をなお徹底的に行えるほどの力があったのかどうか。もはや直読強制要請の声は朝廷にも世にもなかったのでないだろうか。

以上、〈朝廷、大学寮衰退のもとで十世紀も中盤になると、漢音強制も徹底しなくなり、その結果、儒学界でも訓読が行われるようになった。そしてそれは急速に一般化していった〉と推定される。

2―2―3　訓読成立後――直読消滅時期の遅速――

訓読成立後の両界においても相違が見られると予想されるが、これまでの考察に基づくと、その後の両界における直読と訓読との葛藤はおおよそ次のようなものであったということになる。

仏教界

平安初期における訓読導入時はもとより、その後においても必要に応じて直読を残すという便宜がはかられていたので、訓読進展の障害となるようなことは何も生じず、訓読は急激に一般化した。

儒学界

訓読は漢音直読強制の中で十世紀中盤に成立した後、十世紀中に早くも一般化した。しかし、朝廷の漢音直読政策を背景にして、直読はなお存続し続けた。その結果、訓読成立後も長期間に渡り直読は儒学界の一部に、つまり音道などに残った。すなわち、訓読は直読と長期間併存し続けた。しかし遅くとも鎌倉極初期、音博士が直読教育を止めたことにより儒学界は以後〈直読は完全消滅、訓読のみ〉となった。

第八章　〈直読から訓読へ〉の周辺

〈直読から訓読へ〉という変化に直接関わることではないけれども、前章までの考察を踏まえながら直読や訓読に関わって興味を引くことをいくつか取りあげてみる。あるいはそこにこの変化について新たな情報が見いだされるかもしれない。

1　直読の新生

漢文は中国でその時代その時代ごとにその時代その時代ごとの字音で直読されてきた。当然、日本にも中国のその時代その時代における現代字音の直読がその都度その都度渡ってきた。現代中国字音による直読もその中の一つである。新来の字音やそれによる直読のことについては折々触れてきたが、呉音漢音以降も途絶えることなく渡来した中国字音、またそれによる直読の中にあって、日本で定着したのは中世以降の唐音とそれによる直読のみである。あとはすべて消え去った。渡来字音（による直読）はいかなる軌跡を描いてきたのか。それをとらえるべく、中世以降における直読の渡来や定着のおおよそを旧著や本書でこれまで述べたことを振りかえりながら整理してみる。

1―1　唐音直読

1―1―1　中世唐音

仏教界では中世、数多くの日本人留学僧や来日中国人禅僧などによって継続的に多量の唐音がもたらされた。その中で臨済、曹洞の禅宗二宗のほか泉涌寺のそれぞれ一部仏典においてそれぞれの宗派のアイデンティティの確立や仏教儀礼などのために唐音直読が定着した。

一方、儒学界には定着の跡はない。しかし、唐音が常時使用されていたことは今述べた日中禅僧の頻繁な往来や、周知の、当時の禅僧は儒学も学んでいたことに明らかである。実際、桂庵玄樹の儒書唐音直読論（三―1―3）は当時、儒書唐音直読が行われていたことを示している。さらに中世室町時代の刊あるいは写になる『聚分韻略』諸本に加えられている、まさにおびただしい数の唐音もそれを示唆している。早く有坂（一九五七）は〈『聚分韻略』の唐音は「古来禅宗寺院に伝へられた唐音を韻書に合せて多少整理した程度にとどまる」ものである〉、また〈「禅院」の仏典読誦には「唐音字書」が必要なので「取り敢へず、詩作等に使ひ慣れた聚分韻略の所々に、各文字の唐音を記入しておき咄嗟の場合」それを利用した〉と述べている。しかし、今も数多く残っている中世唐音加点の中世の『聚分韻略』において加点は全体に渡って行われているのが普通である（奥村一九七三）。このことと次の諸点を合わせると、『聚分韻略』の唐音は仏典読誦のためというより儒書、儒学に用いるためのものだったとしか解せられなくなる（湯沢一九八七）。

①儒書も仏典も漢文で書かれている。
②中世唐音の大方は日中禅僧によってもたらされた。そして彼らは儒学にも通じていた。
③来日中国人禅僧は仏典のみならず儒書についても常時唐音直読を行っていたはずである。
④（②③から）　中世「禅院」では日常的に儒書唐音直読が行われていたと推定される。とりわけ中国僧は常時唐音直読のみだったに違いない。なぜなら、彼が訓読を学んだとは考えがたいからである。
⑤（有坂も述べているように）もとより『聚分韻略』は儒学の一環をなす詩作のために作られた韻書である。
⑥室町時代の『聚分韻略』諸本加点の唐音の中には、禅宗や泉涌寺仏典のそれとはかなり形の異なったものが多数ある。それは〈禅宗などの唐音は既に鎌倉時代に日本化もすれば固定もしていたものであるのに対して、『聚分韻略』の唐音は室町時代に渡来した、まさにその

当時の中国現代字音であることによる〉と考えられる。

ちなみに、玄樹は明への留学経験もあれば朱子学にも通暁していた臨済僧である。また、中世以降も博士家などによって平安時代以前の儒学が継承されていたが、もとよりそこに唐音使用の形跡はない。

1―1―2　近世唐音

近世江戸時代においても当時の中国字音＝近世唐音による直読が仏教界、儒学界双方に渡来した。仏教界では渡来僧隠元（一五九二―一六七三）開基による黄檗宗その他、近世成立の一部宗派において唐音読誦が行われた。そして、一部仏典に唐音直読は定着し、その宗派のアイデンティティの確立などへ寄与した。

一方、儒学界でも亡命中国人儒者や渡来僧、また長崎通詞などを通じて唐音が入り、それによる直読が日本各地で行われた。特に江戸中期、荻生徂徠や太宰春台などによる唐音直読推進、訓読排斥の主張以降盛んになり、その是非が学派を越えて論じられた。また儒書唐音直読用の教科書が作られもした。しかし、一般化、定着にはほど遠いまま消滅した（三―1―3）。

1―1―3　唐音直読と呉音漢音直読

中近世の仏教界において唐音直読は結局、一部宗派の一部仏典に定着するに止まった。ちなみに、平安時代以前に成立した仏教各宗派、またその系統にある各宗派において唐音直読が行われることはなかった。また唐音直読と同様に一部仏典における新音直読の定着も、平安時代初期成立の天台宗と真言宗において見られるだけである。漢音がその新音に当たるが、その漢音による直読もまたこの二宗のアイデンティティの確立に寄与した。

ところで、奈良時代以前から現在に至るまでの仏教界にあって直読の中心に位置してきたのはもちろん呉音直読である。そしてこれもまた各宗派のアイデンティティの確立に貢献してきた。このような旧音三音による直読とアイデンティティとの関係を踏まえると、こと平安時代以降の仏教界における新音つまり漢音と唐音による直読の成立、定着は次のような時に限って行われたということになる。

中国から新しく仏教が渡来し定着した時。加えて、その直読がその新来の仏教宗派のアイデンティティの確立に貢献した時。

呉音直読が基本となっている中で、唐音直読は新しい仏教とともに定着した。漢音直読は唐音直読よりはるか昔に成立したが、その定着の理由は唐音直読と同じということである。なお直読にはその宗派のアイデンティティ確立への寄与に関わって、その宗派の音的アピールへの貢献もある。いずれにしても、新音直読の定着には条件が課せられているのであり、これを乗り越えなければその成立はともかくとしても定着はかなわなかったのである。

一方、儒学界の場合、鎌倉極初期以前における漢音直読消滅以来、中世唐音や近世唐音による直読が行われたものの、それらは定着することなく消えていった。禅僧のみ唐音直読を行っていた中世はさておいて、儒者が初めて唐音直読論をその著書において本格的に主張した近世にあっても、それが定着することはなかった。唐音直読論の祖と言うべき徂徠は当時の儒学界を代表する学派の一つ、古文辞学派の祖であり、春台はその高弟であった。しかし、彼らは自身自ら唐音直読を唱えながらも結局唐音教育の未整備などを理由にしてそれを放棄した（石崎一九六七・湯沢二〇一四）。当然のことながらこの派においても唐音直読は定着するどころか盛んに行われることもなかった。ここにうかがわれるように唐音直読は学派はもとより儒学界の一隅においても定着することなく消え去った。ただし、古文辞学派のみならず、江戸儒学界にはいろいろな学派が成立しており、そしてそれぞれの学派にはそれぞれのアイデンティティが確立されていた。ところがその確立にもやはり唐音の参加は一切なかった。ひるがえって奈良、平安時代の儒学界、大学寮においても漢音直読の、各学科や家学などにおけるアイデンティティの確立への参加はなかった（七—2—1）。このようなことや、外国語文献の解義に関わる語釈や翻訳また議論などはつまるところ自国語において行わざるをえないことなどを重ね合わせると、儒学界における新音直読の定着がないことについては次のようなことが関わっているのでないかということになる。

①古来、日本では儒学が論理や合理性を尊重する学問として取り扱われる傾向が強かった。学問においては、直読が仏教界にもたらすような、音的な効果や特異性、さらには神秘感などは必要とされない（七—2—1）。

②（①に関わって）日本人の漢文解義において直読の貢献度は低い（五—9）。

③（②に関わって）儒学界では家学や学派のアイデンティティの確立は訓読において行われた。江戸時代の学派はその典型である。例えば、古文辞学派の儒者である徂徠と春台は自著のそれぞれ『訳文筌蹄』『倭読要領』において唐音直読論を述べた。しかし、この二書は訓読研究書である。いかに訓読を行うかということは、自学派のアイデンティティの確立においては一大事である。なぜなら、訓読の仕方を初めとして訓読における直訳文などはアイデンティティの確立に欠かせない、儒書本文解義の第一歩であり、また解義の方向を決めるということにおいては最後の一歩でもあるからである。その第一歩のための研究書を彼らが書いたということは、訓読は学派のアイデンティティを支えていること、そして彼らもそれを熟

知していたことを明示している。

④訓読は漢文の解義に当たる翻訳文＝直訳文を音声でもって発するものである。解義の音声的表現という点において、自集団の特色を人々にアピールする手段として有効かつ効率がよい。

以上、仏教界における新音直読の定着は、それが新たに日本で成立した自宗派のアイデンティティの確立に音的に寄与することによる。これに対して儒学界では漢音直読消滅後、新音直読の定着がなかった。それは要するに、各家や各学派のアイデンティティの確立には訓読があれば十分であったことによる。

ただし、このことは仏教界では訓読がアイデンティティの確立に寄与しなかったということを述べているわけではない。仏教界においてもアイデンティティの確立には仏典の解義に基づく教義が必要不可欠であり、そしてその解義には訓読の貢献が欠かせないことは儒学界と同じである。

また同様に、儒学界には中国から新しい儒学の渡来がなかったので、新音直読の定着もなかったということを述べるものでもない。なぜなら、例えば中世以降、朱子学や陽明学などが渡来し、江戸時代にはそれぞれが一学派を形成したが、両学派において唐音直読は定着しないどころか成立したことさえなかったからである。

〈コラム：唐音直読と寛政異学の禁〉

江戸時代儒学界における唐音直読の衰退、消滅は、徂徠や春台の直読論を通してもうかがわれるように当時の儒学界にはそれを受容する可能性など皆無であったことによる。つまり儒学界内部にその原因がある（湯沢二〇一四）。一方、一七九〇年に幕府の出した『寛政異学の禁』によるとする、言わば外因説も提出されている。しかし、例えば次のようなことをこの説ではよく説明できない。

①この法令は朱子学以外の学問の禁止を述べたものであり、唐音には触れていない。
②幕府の儒学である朱子学を担った林家は唐音直読を採らなかったが、その排除を唱えたわけでもない。
③朱子学者の中には雨森芳洲（一六六八―一七五五）や秋山玉山（一七〇二―一七六四）などのような熱烈な唐音直読主義者もいれば、江邨北海（一七一三―一七八八）のように自身はそれを行わなかったもののその儒学的な効用は認めていた者もいた。
④唐音直読は中国に発する、漢文の読み方以上のものでもなければ以下でもない。したがって、それ自体には少なくとも日本の朱子学の根幹を揺るがしたり儒書解義の方向を大きく左右するような力などない。だからこそ、林家もその是非を論じな

かったに違いない。

なお、好学の将軍綱吉（一六四六―一七〇九）は唐音直読に親しんだことで知られている。五代将軍が大切にしたものを十一代将軍家斉（一七七三―一八四一）が否定できたであろうか、また否定しなければならない理由が何かあったのであろうか。

1―2　現代中国字音直読

明治時代以降、仏教界では現代中国字音による直読は行われていない。あるいは行われたことがあったのかもしれないが、仏典における現代中国字音直読論は聞かない。仏教界における新音直読定着の条件を振り返ってみると、その理由は明治時代以降、中国から新しい仏教の渡来、成立がなかったことによるとしか考えられない。

仏教界に対して近世儒学界の流れを引く、中国関係の研究領域、取り分け中国語学や中国古典文学また中国思想史研究などの一部においては、明治時代以降、現代中国字音による儒書直読を行うべきとする説がしばしば出され、そして実際にそれが行われるようにもなった。この主張は中国文学語学研究者である倉石武四郎（一八九七―一九七五）において頂点に達した。儒書現代中国字音直読論は、時には明治以降活発になってきた日中間の外交や通商に有用な人材の育成などをも視野に入れながら、大学など高等教育機関を中心として展開された。そして、その程度や範囲はともかくとして今日では右に述べた研究領域においては常時行われている。ただし、現代中国字音直読が当代中国字音直読である限り、それが定着することなどありえない。なぜなら、当代中国字音そしてそれによる直読は時間の流れとともに変化していくからである。中国当代字音は変化していく。したがって、当代中国字音直読も当然それに従って変化をして行かざるをえない。立ち止まることなど許されない。この点において当代字音使用の直読は、旧音直読のようにある一定の姿形で体系的に固定した直読とは無縁である。

〔コラム：直読論の誤解と限界〕

江戸時代中期以降の直読論の根底には、〈漢文は中国語文である。したがって当然、中国人が行っているのと同じように直読をすべきである〉という見方がある。もちろんその中国字音とはその当時当時における中国現代字音以外にない。江戸時代の場合であればそれは唐音すなわち明代清代の字音であり、現代の場合それは清、中華民国、中華人民共和国の字音ということになる。

さて、この説の延長線上においては時として次のような趣旨のことが指摘される。

直読によって初めて漢文本来の姿を再現することができる。したがって、その韻律などの真の音的鑑賞も可能となる。

しかし、漢文作成当時の直読はもちろんその当時の字音でもって行われる。唐代に作られた『白氏文集』の場合なら、それは唐代字音に基づいて作られもすれば読まれもした。それを変化に変化を重ねた後世の字音、例えば清代や現代の中国字音でもって再現できるわけがない。よしんばかなり再現できたとしても、直読を行い、またそれを聞くのは後世、清代や現代の人物である。たとえ中国人であっても作成当時の人物ならぬ彼が、『白氏文集』が作られた時代の人物と同じようにその韻律を味わうことなどできるはずがない。ましてや、中国語と音声が体系的に異なる日本語を母語とする日本人が、清代や現代の中国字音で直読し、またその直読を聞いて、いったい唐代の詩文の何を感得することができるというのであろうか。疑問を感ぜざるをえない。なお、これと同様の声読に関わる「神話」は、『万葉集』の現代日本語音による声読などにおいてもよく見られることである。

1—3　新来字音直読の定着

唐音直読や現代字音直読などの成立や定着についてのこれまでの検討は次のようなことを述べている。

中国当代音としての新来字音を用いた直読はいつの時代においても日本で行われうる。しかし、それが定着し後世まで伝えられることは原則としてない。特別な時だけである。

では、その特別な時とはどのような時なのか。今、もともとは日本には呉音直読しかなかったとしてそれ以降を眺めてみると、既に見てきたように仏教界の場合は中国新仏教の渡来とその定着があった時である。一方、儒学界の場合は朝廷が律令制の導入を本格的に行った時、おおよそ奈良時代である。前者仏教界は新仏教成立に伴う、その宗派のアイデンティティ確立のために、一方、後者儒学界の場合は朝廷の政策遂行に向けての唐文化摂取のためにそれぞれ新音の直読が定着した。これは日本における新音直読の定着は自然に生じるものでなく、宗教上あるいは政治上の要請、つまり外的圧力によるということを物語っている。

ちなみに、呉音直読の定着に宗教的政治的な圧力などがあったのか否かは不明であるが、大陸との交流があまりない時代に渡来した呉音は今日でも日常的に用いられている。また呉音直読も仏教各宗派の一部仏典において今もなお行われている。呉音また呉音直読の生命力に驚かされる。

1―4　新音直読と訓読

平安時代以降、新音直読は仏教界ではアイデンティティの確立における必要性ということから新仏教において定着した。一方、儒学界ではアイデンティティの確立には無縁であることや常時新音直読ということなどからそれが定着することはなかった。

ところで、新音使用やその定着のことなどは、漢文に関わってあたかも直読と対峙しているかのように見える訓読とどこかで交わっているはずである。今、総じて訓読はその成立以来ずっと直読を圧し続けてきたこと、その中で唐音直読論や現代中国字音直読論が提出されたことを眺めてみると、訓読と新音との間には次のような関係が成り立っていたように見える。

訓読は新音直読の成立、定着を阻止しようとしてきた。これに対して新音直読はその訓読を排除しようとしてきた。

これはつまり、〈仏教界における唐音直読の定着は新仏教成立ということをその助勢として新音直読が訓読のみ、あるいは旧音直読と訓読が行われていた仏典に割り込んだ例〉、一方〈江戸時代儒学界における唐音直読定着無は訓読に新音直読が圧倒された例〉であるということを示している。なお、唐音直読の仏典も訓読されることを重視すると、〈唐音直読の定着は新音直読が訓読と併存できた例〉と言うべきことになる。そしてまた呉音漢音による一部仏典の直読は後世まで残ったことを重視すると、〈唐音直読の定着はそれをも助勢としていた〉ということになりそうである。いずれにせよ、平安時代のある時から両界において訓読は直読を圧倒し続けてきた。そしてそれは新仏教成立時という特別な時を除いて新音直読の定着はもとよりその成立をも阻んできたということである。その中にあって興味深いのは中国現代字音儒書直読の行方である。先に述べたように、その使用字音は時間の流れとともに変わって行く。その点において呉音や漢音などの旧音による直読とは根本的に異なる。しかも、現在もなお訓読が圧倒的な勢力を保っている。そのような環境にあって現代字音直読が定着するとは思われないが、今後さらに伸長していくのか、それとも後退するのか見守っていきたい。

1―5　訓読は国風文化

訓読は平安時代を通じて確立し定着した。他方、それ以降も、中国からの新音直読の渡来は続いた。そしてそれが一部仏典に定着した。さらに江戸時代以降は儒学界で訓読排除が叫ばれたりもした。しかし、そのようなことに左右されず、少なくとも鎌倉時代極初期以降は〈漢文については訓読のみあり〉と言っても過言でない状態が続いた。そして今日では義務教育で教えられてもいる。このことに象徴されるように、訓読は成立以来、漢文読解においてかけがえのない手段として取り扱われてきたし、今後もそうあり続けていくに違いない。今や日本の文化遺産と認められるに至っているが、その本領はまさに〈漢文解義における簡易にして便利な実用の具であり技術である〉という所にある。だからこそ、千年以上の長きにわたって用いられ続けてきたのである。

さて、〈直読から訓読へ〉という歴史的な変化において訓読が誕生、確立し直読を圧するようになったのは、もちろん平安時代である。この、日本生まれの訓読が平安時代を通じて漢文において中国由来の直読と相対峙しつつそれをしのぐようになったこと、それは〈訓読は漢文の読み方における国風化〉と言うべきことを示しているのでないだろうか。

2 訓読の先駆け――加点漢文の土台――

ある時、訓読が突如として誕生したなどということはありえない。平安時代初期に訓読が成立したとして、それ以前、奈良時代には訓読の土台とも先駆ともなったものが必ずや何かあったはずである。

訓読は直訳文とその声読とからなる。声読は文字で書かれた文があってのものなのでさておくとして、奈良時代における文を文字表記の面から見ると、文字は漢字のみ、そしてその漢字で書かれている文は〈漢文、変体漢文、宣命書き文、万葉仮名文〉の四種類ということになる。加点漢文の表す直訳文は日本語文なのでそこから漢文を除くと、残るは三種類となる。そしてこの三種類において宣命書き文は変体漢文の一種と見なすことにすると、結局、二種類ということになる。この二種類はもとより漢字文であるということ、これに、奈良時代以前、漢字については既に呉音と漢音とが成立していたこと、また字訓も成立していたことを重ねると、奈良時代の日本語文は冒頭から終末まですべて補読が関わっていたということになる。このことと直訳文は加点漢文において呈示されていることとを記憶に留めて、まずは変体漢文と万葉仮名文とにおいて日本語文はどのように表されているのか、具体例を通してそのおおよそを把握しておくことにする。

2―1　変体漢文――『古事記』――

変体漢文は時代を越えてよく用いられた。その点においてほかの日本語文表記に影響を与え続けてきたのでないか。特に漢文の表記法も一部取り入れていることから、漢文に基づいて日本語直訳文を表している加点漢文に何かしらの影響を与えている所があるのでないかと見込まれる。ちなみに、本書での用法と一致しているわけではないけれども、変体漢文についても従来「訓読」「訓読文」また「読（訓）み下す」「書き下す」などという、漢文訓読関連の用語がそのまま使われている。そこで、以下、訓読などという語が変体漢文における従来の用語なのか、本書で言うそれなのか、それが文脈から判断されると思われる場合以外は、変体漢文のそれには「　」を付けることにする。

ここでは変体漢文の具体例として『古事記』と『続日本紀』宣命からそれぞれ一文を取りあげ、『白氏文集』などと比べながらその日本語文表記の特色を整理してみることにする。

2—1—1　『古事記』と「訓読文」

『古事記』本文は次のような所から始まる。

天地初発之時、於高天原成神名、天之御中主神訓高下天、云阿麻。下效此、次高御産巣日神、次神産巣日神。此三柱神者、並獨神成坐而、隱身也。

a「訓み下し文」

天地《あめつち》初《はじ》めて発《おこ》りし時《とき》、高天《たかま》の原《はら》於《に》成《な》りませる神《かみ》の名《な》は、天之御中主神《あめのみなかぬしのかみ》。高の下《した》の天を訓《よ》みて阿《あ》麻《ま》と云《い》ふ。下《しも》は此《これ》に效《なら》ふ。次《つぎ》に、高御産巣日神《たかみむすひのかみ》。次に神産巣日神《かむむすひのかみ》。此《こ》の三柱《みはしら》の神者《かみは》、並《とも》に独神《ひとりかみ》と成《な》り坐《ま》し而《て》、身《み》を隠《かく》しましき。

✦倉野憲司・武田祐吉校注一九五八『日本古典文学大系一古事記　祝詞』岩波書店

✦「訓み下し文」の平仮名と片仮名はすべて平仮名で表した。

b「読み下し文」

天地《あめつち》初めて発《ひら》けし時、高天原《たかまのはら》に成れる神の名は、天之御中主神《あめのみなかぬしのかみ》、次に高御産巣日神《たかみむすひのかみ》、次に神産巣日神《かむむすひのかみ》。此《こ》の三柱《みはしら》の神は並独神《みなひとりがみ》と成り坐《ま》して、身を隠したまひき。

✦荻原浅雄校注一九七三『日本古典全集一古事記　上代歌謡』小学館

『古事記』はその「序」で「稗田阿礼所誦之勅語旧辞」を、つまり「稗田阿礼」の「誦」したことを、七一二年に太安万侶が「撰録」したものであることが記されている。これはこの文献が音声として既に存在していた日本語文を変体漢文で書き留めたものであることを明言している点において貴重である。

2―1―2　補読

現代の二つの「訓読文」ａｂには相違する所がある。

①発《おこ》りし⇕発《ひら》けし　②成《な》りませる⇕成れる　③並《とも》に⇕並《みな》

④独神《ひとりかみ》⇕独神《ひとりがみ》　⑤隠《かく》しましき⇕隠したまひき

ここに見られる補読差は、名詞の補読に関わるもの、助詞や助動詞などの補助的な語や活用語尾に関わるものなどいろいろある。これは文のすべてが漢字で明示されているわけではないこと、したがってこの書には文面においてその個所にいかなる語が来るのか、いかなる音を当てればよいのかに迷う所が既に種々しかも多々あることを示している。

ただし、変体漢文の作成者と「訓読者」との間には、変体漢文に関してそれなりに共通理解が成立していたはずである。もしそれがなかったら「訓読者」は読むことなどできない。加えてその漢字文についてはいろいろな情報もある。使用漢字に関わる情報。その漢字文における話題やその漢字文が伝えようとしているもの。また述べ方などが語る情報。そして前後の関係。さらには文の書記者や時代背景に関わるもの等々。要するに「訓読者」には一口で言えば文脈から得られるいろいろ様々な情報がある。彼は共通理解と文脈によりながら変体漢文の補読を行い書記者における文の再構築をしていくことになる。とはいえ、文面は漢字のみ、その漢字によって明示されていない個所も多々あることに変わりない。そして、〈於《に》・者《は》・而《て》〉のように、その漢字が助詞などを表しているのか否か、という漢字によるその語の呈示の有無の判断まで「訓読者」は行わなければならない。

いずれにせよ、「訓読者」は冒頭からすべて文脈を参照しつつ漢字を頼りにして補読を行っていく。そうして日本語文を作りあげていく。それと同時にその日本語文を声読していくより仕方がない。すなわち、彼は最初にその漢字が日本語（の一部）を表しているのかどうかの判断を行う。そして表していると判断されたものについてはそれに適当な日本語（の一部）を当てる。一方、それを示す漢字がない細部については漢字も含めてただただ文脈を頼りにして補読をしていく。変体漢文における「訓読」とは、このようにして一つ一つの日本語を積み重ねて日本語文を音声で作りあげていく作業である。

ところで、右に述べたように、漢字を通してある程度それが表す日本語（の一部）が分かる場合はともかくとして、そのような漢字が必ずしもない助詞や助動詞あるいは活用語尾などの細部にあって文脈からの有力な情報もこれといってない場合、その個所にいかなる日本語（の一部）を当てるのか、その判断は「訓読者」個人に委ねられている。そしてその実例が〈②成《な》りませる⇕成れる〉における〈ませる⇕る〉や、〈⑤隠《かく》しましき⇕隠したまひき〉における〈まし⇕たまひ〉などであると解される。なお、もちろん漢字で示されている所であっても、すべての「訓読者」がその漢字から同じ補読語を選択するとは限らない。

「天地初発之時」において、その「天」字は既にそこで自身が一字複数音字として持っている「てん・あめ・あま…」などの内の一つを表しているということを「訓読者」に伝えている。「訓読者」はその内のいずれをそこで用いるのか、書記者との共通理解に基づきつつ、一方では『古事記』の内容、「天」は文の冒頭にあること、後ろには「地」があることその他、文脈を参照しながら決めていく。「地」の場合も同様である。一方、「天」字と「地」の間、あるいは「地」の後ろに例えば助詞の「や」なり「の」なりが来るのかどうかということについては、漢字からの情報は「天」に続いて「地」字が現れていることしかない。あとは共通理解や『古事記』に関する知識その他、文脈を頼りにして「訓読者」がそれを解決していくことになる。先の二つの「訓読文」にはこの二字の間に助詞は入れていない。また「地」の後ろに「の」を入れてもいない。しかし、決定までの過程を考慮すると、「あめとつち」あるいは「あめやつち」そして「あめとつちの」などと「訓読」する「訓読者」が現れても不思議ではないように思われる。なお、二つの「訓読文」においては「初発」の「発」に至って初めて〈①発《おこ》りし⇕発《ひら》けし〉という「訓読」上の相違が生じている。

補読が必要なこと、しかもその手がかりが少ないことは、それぞれの「訓読者」の作った「訓読文」、そしてその声読である「訓読」の間にはあい異なる所が少なからず生じてくることを予言している。

2―1―3　日本語文呈示における変体漢文

これまで『古事記』を中心にして補読の面から変体漢文においては異なる「訓読文」が少なからず作り出されうることを見てきたが、〈日本語文の呈示〉という面から変体漢文を眺めてみると、即座に〈変体漢文は一つの日本語文を呈示するものでない〉ということに行き着く。

文面に例えば助詞や助動詞などの明示がない漢字の集団でもって、ある一つの日本語文を誤りなく呈示できるはずがない。これは言い換えると、〈変体漢文はたとえその作成者がその漢字を用いてある一つの日本語文を書き表そうとしても、助詞や助動詞などを逐一文字で示さないのがその本質なので、作成者の求めに十分応じることなどできない〉ということである。つまり〈変体漢文はそもそも一つの文を精確に呈示するのには不向きなもの、呈示できないものなのである〉ということである。

しかしながら、変体漢文はまさに長年月にわたって用いられてきた。平仮名文や片仮名文、また漢字仮名交じり文がまだ成立していない時ならともかく、それらが用いられるようになった平安時代以降、明治時代になっても使われ続けた。それを習慣や伝統によると、少なくとも習慣によるということだけで説明することはできない。なぜなら、変体漢文は実用の具であるからである。実用の具として有用でなければ、漢字仮名交じり文のような効率のよい表記手段が誕生し一般に使われるようになってもなお長期間、用い続けられるはずがない。このような有用性と、文字表記された文の役割はそれでもって視覚的に一定の意味内容を伝達し、また蓄蔵することにあること、さらに表語文字として漢字は情報の伝達、蓄蔵において好個の文字であることなどはあいまって、次のようなことを物語っている。

変体漢文はそれといと一定の姿形で確定した一つの日本語文を表しているわけでないし、また表すこともできない。しかし、漢字でもって日本語文を呈示することにおいてある一定の情報を効率よく伝達し蓄蔵することができる。

これは文字表記においてその姿形が一定の形で確定していない日本語文であっても、その表記に漢字を用いれば一定の意味内容をしかるべく伝えることができるということにほかならない。

「天地初発時…」は阿礼の「誦」したものを安万侶が「撰録」した日本語文である。しかし、文としての明示度は万全ではない。したがって、複数の「訓読」「訓読文」が成立することになる。先に紹介した二つの「訓読文」はまさにその実例である。しかしながら、「天地初発時…」の意味内容の大概はその相異なる二つの「訓読文」またその他の「訓読文」にすべて受け継がれる。すなわち、「天地初発時…」とその相異なる複数の「訓読文」の意味内容は大同小異である。

それぞれの「訓読文」は同じ変体漢文から作られる。またある一つの日本語文を精確に表していないからといっても、もちろん変体漢文は自身が表そうとする文の大枠は常に示している。したがって、「訓読者」が異なってもそれぞれの「訓読」日本語文は互いにその姿形が似通ったものにもなれば、意味内容的にも同様なものとなる。

ちなみに、変体漢文においてそれが表す日本語文、というよりその骨格も情報もすべて漢字で構成されているということは一つ情報の伝達や蓄蔵において便利なものであるということだけでなく、日本語文の細部を表す漢字の呈示に要する労力と紙面の節約にもなっていると解釈することもできる。この解釈に従うと、〈変体漢文は情報の伝達、蓄蔵において極めて効率のよいもの〉ということになる。ただし、省力の結果場合によってはその作成者の意図からかなり離れた「訓読文」が作られたり情報が伝わったりすることも起こりうる。また、当然のことながら「訓読文」の作成に際しては全体の姿形が明示されている文においてそれを再生するのより、より多くの負担を「訓読者」に強いることにもなる。安万侶は『古事記』に変体漢文を用いた。しかし、『古事記』執筆に際して阿礼の「誦」するものの「撰録」を簡潔かつ十分に漢字で書き表せるのかどうか、懸念していたものと思われる。有名な「序」の「上古之時言意並朴。敷文構句於字即難…」はそれを反映した一文なのでないだろうか。変体漢文の採用とこのような推察とはあいまって次のようなことを示唆している。

漢字文でしか日本語文を表わせなかった時代において安万侶は、変体漢文の可能性と限界を熟知した上で「撰録」にそれを用いた。

「用いた」というより用いざるをえなかったと言うべきかもしれない。なお、後世になると、変体漢文への加点が行われるようになった。これは変体漢文を日本語文のより細部までより明確に表すものに変えようとするその加点者の意思を反映している。

2―1―4　外国語文と複数の翻訳文

『古事記』＝変体漢文における〈ある文を表す一つの文字表記から複数の相異なる文が作り出される〉そして〈それぞれはそれぞれの読み方でもって読まれる〉ということは異例のこととしか思えない。〈一表記、複数日本語文、複数声読〉は〈一表記、一文、一読〉の原則から逸脱している。ただし、外国語文とその翻訳文とにおいてはごくごく普通に生じることである。

外国語文の場合も紙面には文字で書かれた文が一つしかない。そして、それは一つの外国語文しか表わしていない。もちろんその読みも一通りしかない。しかし、それをそれぞれの翻訳者はそれぞれ別々に解義をし、それぞれ別々の翻訳文を作る。そしてその声読もそれぞれ別々に行う。〈一原文表記、複数翻訳文、複数声読〉である。複数翻訳文がある原因は翻訳者の異なりにある。この点において変体漢文とは根本的に異なる。すなわち、変体漢文の場合も複数「訓読文」誕生の直接の原因は読む人物＝「訓読者」の違いにある。しかし、その根本的な原因は、変体漢文自身の表記の内にある。一表記ではあるものの、それが具体的にある特定の一文を表しているわけではないことにある。

2―1―5　変体漢文の声読

文字表記に加えて、これまでほとんど考慮してこなかった声読も視野に入れると、変体漢文の特徴が一層鮮明になる。

変体漢文の「訓読」は［変体漢文・声読］であるが、実際は［変体漢文の「訓読文」・声読］と言うべきものである。なぜなら、変体漢文において声読の対象となるのは変体漢文そのものでなく、それから作り出される日本語文つまり「訓読文」だからである。

「天地初発時」の声読は「あめつちはじめておこりしとき」の声読である。これは、つまり「天地…」を「あめつち…」に変え、ないしそれから「あめつち…」を作りだし、そしてそれを声読する、否、作り出しつつとそれを声読するというものである。

なお、作り出された文が改めて紙面に書き出される、書き下されることはなかった。今日においては本節冒頭で紹介した『古事記』の「訓読文」のように、変体漢文の「訓読文」が紙面に書き下し文の形で呈示されることなど珍しくない。しかし、変体漢文はそれなりに日本詩文を表すものとして、こと文字表記上、その姿形で完結している。したがって、それがそれ以外の形で改めて紙面に呈示されることなど本来ありえないことである。この点を強調しておきたい。

通例、声読は紙面の文字表記において既に確定している文について行われる。しかし、変体漢文の場合は、紙面に確固として呈示されているのは言うまでもなく変体漢文である。それから作り出される「訓読文」は本来紙面に書き記されることはない。ということは視覚的には「訓読文」は存在しないということである。すなわち「訓読文」は声読に至って初めて存在するということにほかならない。音声のレベルにおいてのみ、つまり音声的聴覚的にのみ存在する。ここにうかがわれるように、また先にも述べたように変体漢文の声読とは変体漢文からその対象となる「訓読文」を作りつつそれを音声で発するものという点において特異である。

変体漢文「訓読者」においてそれが表しているかとおぼしき日本語文＝「訓読文」は、自身が声読を行う時に初めてその具体的な姿形を現わす。それは変体漢文は自身を音声において確定するものであるということである。「訓読者」を中心にして言えば変体漢文の声読とは、〈眼前にある変体漢文に補読を加えて「訓読文」を作りながら同時並行的にそれを音声でもって発するもの〉ということになる。すなわち〈「天地初発時」を見てそれを「あめ」「つち」「はじめて」などと補読をしながら作った「訓読文」「あめつちはじめておこりしとき」を作ると同時に音声で呈示するというもの〉である。否、次のように言うべきかもしれない。〈変体漢文の声読とは、変体漢文「天地初発時」を見て、音声でもって「あめつちはじめておこりしとき」という「訓読文」を発するもの〉。

いずれにしても、『古事記』の声読は、〈視覚に漢字で訴える変体漢文を補読によって「訓読文」に変えるとともにそれを音声でもって聴覚に訴える〉という役割を負っている。

先に述べたように、一般的な声読は文字によって最初から最後まで既に視覚的に固定された文について行われる。しかし変体漢文の場合、それが表そうとしている日本語文は漢字によって固定されてこそいるものの、その漢字は日本語文の骨格を示しているだけである。日本語文の初めから最後までを具体的に明示しているわけでない。したがって、それを声読するには、まずそれを一つの完成した日本語文＝「訓読文」に変えなければならない。すなわち、その骨格に従ってその肉付けを補読によりながらしかるべく行い、しかるべき日本語文を完成させるということである。そして、それと同時にその完成した文を音声でもって表出する。そうすれば、変体漢文の声読完成ということになる。もちろん文が確かに完成したかどうかもまた声読の段階に至って初めて明白になる。

以上、変体漢文における声読は自身がその対象とする文の作成を行いつつそれを音声でもって披露するということにおいて、通例の文の声読よりその負う役割がずっと大きく、しかも重い。

〈コラム：書き下し文〉

加点漢文、変体漢文を問わず、今日ではそれに書き下し文が添えられていることなど珍しくない。しかし、もともとはそのようなことはなかった。なぜなら、一定の意味内容を一定の形で表す日本語文である両者が既に広く世に用いられている中で、あえて書き下し文を作る必要などなかったからである。添えられるようになったのは、それが加点漢文などの訓読法、またそれによって作り出される訓読文などを具体的に示す上でこの上なく便利なものであることによる。訓読法の教授、学習において書き下し文は抜群の効果をもたらす。

ところで教育・学習用に作られたと見られる書き下し文において以前からよく知られている書と言えば、それは室町時代中期写になる『かながきろんご』である。題名にうかがわれるようにこの書には漢文ないし加点漢文は掲げられていないが、実質的には加点『論語』の書き下し文と見なされるものが羅列されている。次の一文はその中の一条である。

しののたふまく、くんしはひろくぶんをまなんで、やくするにれいをもつてす

◆『論語』「雍也第六」「子曰君子博学於文約之以礼」。

◆川瀬一馬編纂一九三五『安田文庫叢刊一　かながきろんご』による。

この一文は言うまでもなく仮名のみで書かれている。このことは、その当時は加点漢文について書き下し文の作成など原則として行われていなかったこと、儒書では訓読の

み行われていたこと、また加点漢文における直訳文は多く一種の漢字仮名交じり文で呈示されていることなどとあいまって、次のようなことを示している。

『かながきろんご』は初学者向けの訓読学習書として作られた。

ちなみに『かながきろんご』とは異なり、加点漢文とともに呈示されている書き下し文も古くからある。

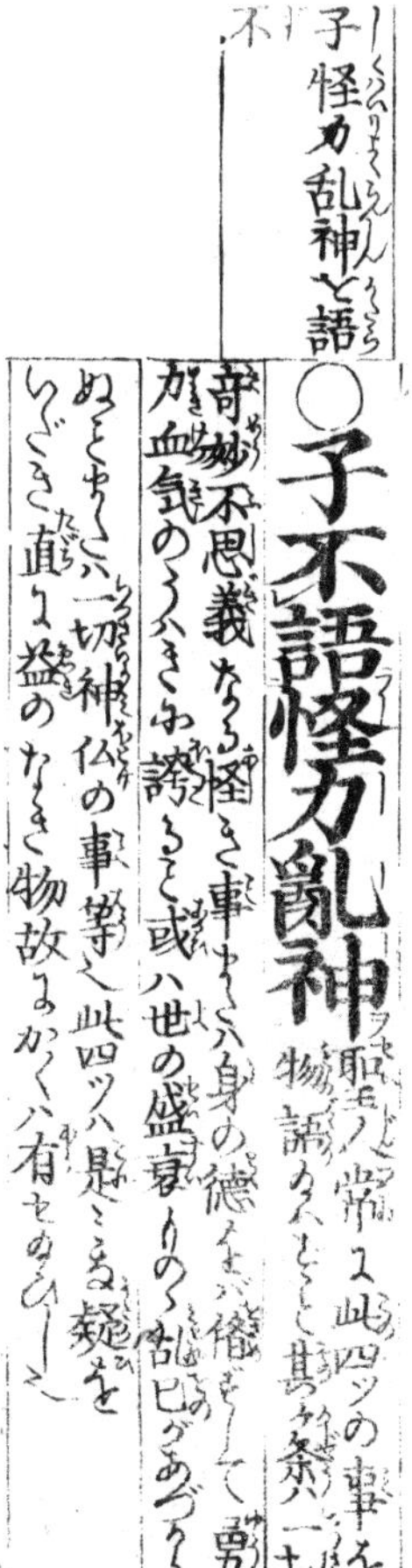

◆『論語』「述而第七」「子不語怪力乱神」。

◆一八一五『経典余師』「論語二」勉誠社蔵本による。

書き下し文は欄外に頭注のような形で提示されている。また加点本文と比べると小字で書かれている。この二点は明らかに書き下し文が加点漢文の言わば添え物であることを示している。さらに漢字仮名交じり文の体裁をとってはいるものの書き下し文の漢字にはすべて仮名で補読が加えられている。したがって書き下し文は仮名だけで「しくハいりよくらんしんをかたらす」と表されてもいると言えなくもない。これらのことを重ね合わせると、次のようなことが知られる。

『経典余師』の書き下し文もまた『かながきろんご』のそれと同様に、初学者における訓読習得の便宜を図って掲げられたものである。

ただし、補読付きとはいえ原漢文中の漢字を含んでいる点においては異なっている。このことは文面には加点漢文の訓読の仕方を指示する部分だけでなく原漢文の解義に相当する注釈の部分もあることとあいまって、次のようなことを示している。

この書の書き下し文は、訓読既修者に対する当該漢文のしかるべき訓読法呈示の役をも負っている。

『経典余師』に関わるこのようなことに、『かながきろんご』の場合もとより漢字の使用は皆無であること、また同一紙面に原漢文ないし加点漢文の呈示がないこと、加えて室町時代には漢字仮名交じり文は一般化していたことなどを重ね合わせると、ここにおのずと次のような可能性が浮上してくる。

『かながきろんご』は初学者、というより初心者と言うべき人物における素読学習用に編まれた。

なお、このことはもちろん『経典余師』は素読の役に立たないということまで述べるものではない。

両書は儒学のみが学問と言っても過言でなく、また漢文については訓読のみ行われていた時代に、しかも原則として少なくとも表立った場において変体漢文や加点漢文への書き下し文の添加など行われなかった時代に作られた。このことは、次のようなことを示している。〈訓読法の習得がしかるべき識字層の最重要課題だった時代においていかなる教育がなされたのか、その一端を具体的に語るものとしてこの二書は貴重である。〉

2―1―6　変体漢文と加点漢文・漢文

『古事記』を例にとりながら、これまで変体漢文における「訓読文」「訓読」などを観察してきたが、それに訓読の先駆けとなって訓読の成立に何か影響を与えたものがあるのかどうか。変体漢文や「訓読」とそれぞれ加点漢文や訓読とを比較してみれば、それはおのずと明らかになるはずである。そこで、今、『古事記』と『白氏文集』を参照しながら二つを模式的に並べて整理してみると次の図のようになる。

文（文字表記／表示文）	声読使用音	読み方
①変体漢文（漢字文／日本語文）	日本語音	「訓読」
②加点漢文（漢字仮名交じり文／日本語文）	日本語音	訓読

①　文

対比図を見ると、まず文の表記手段＝文字表記において、①変体漢文「天地初発時…」は漢字文、②加点漢文＝直訳文「海漫々…」は漢字仮名交じり文ということで異なっている。しかし、文字表記によって表された文＝表示文においては、①変体漢文「あめつちはじめておこりしとき…」と、②加点漢文「かいまんまんたり」とはともに日本語文ということでは同じである。もちろんこれに従って両者とも声読においてもともに日本語音使用ということになる。異なっているのは漢字文か加点漢文＝漢字仮名交じり文かの違いだけである。①変体漢文も②加点漢文も既にこと文字表記においてはそれぞれ完成しているものである。この点において①変体漢文にはもはや加点漢文に影響を与える所などない。とはいえ、①変体漢文は②加点漢文より先に生まれて先に完成している。既に奈良時代において広く用いられてもいた。一方、②加点漢文は平安時代において漢文を母胎として生まれたものである。したがって、もし①変体漢文に②加点漢文の先駆けとなって何か影響を与えた所があるとしたら、それは漢文から②加点漢文が誕生した時、つまり漢文の加点漢文化においてでなかったかと見込まれる。そこで、それを確かめるべく、先の模式図に漢文を加えてみると次のようになる。

文（文字表記／表示文）	声読使用音	読み方
①変体漢文（漢字文／日本語文）	日本語音	「訓読」
②加点漢文（漢字仮名交じり文／日本語文）	日本語音	訓読
③漢文（漢字文／中国語文）	字音	直読

①変体漢文「天地初発時…」と③漢文「海漫々直下無底…」とは文字表記においてはともに漢字文という点で同じである。しかし、表示文においては、前者①は日本語文「あめつちはじめておこりしとき…」を表す。声読使用音ももちろん日本語音である。これに対して、後者③漢文は

中国語文「かいばんばん　ちょくかぶてい…」、声読は字音使用ということで前者①と異なっている。このことと、③漢文「海漫々直下無底…（かいばんばん　ちょくかぶてい…）」がもととなって日本語文を表す②加点漢文「海漫々・直下《ミオロ》無底《ソ》（かいばんばんたり。ちょくかとみおろせばそこなく）」ができたこととを重ね合わせると、①変体漢文が②加点漢文に関して何らかの影響を与えたのだとしたら、それは、やはり〈中国語文を表す③漢文が日本語文を表す②加点漢文に変わる時だった〉のでないかとしか解せられなくなる。

変体漢文は漢字文でありながら日本語文を表す。このことにおいて、変体漢文は同じく漢字文である漢文に影響を与えた。すなわち、変体漢文は自身が漢文と同じ漢字文であるということを通して、もともとは中国語文を表す漢文が日本語文＝直訳文を表すものに変わること、漢文の加点漢文化を推進した。

これは〈日本語文を表すものということから、変体漢文は、加点漢文の先駆者となって漢字文という点では同じ漢文に対して日本語文を表すものに変わるよう働きかけたのでないか〉ということにほかならない。

ところで、漢文はほかの外国語文の場合と同じように、日本に渡来するやいなや、その解義が行われもすればその翻訳文も作られたはずである。これは加点漢文になる以前、漢文には既にそれなりの形をした日本語翻訳文、つまり直訳文のもととなるものが音声として作られ、漢文に備わっていたということである。仏典や儒書に基づく仏教や儒学が既に奈良時代には世に広まっていたことからして、それは識字層、しかも上層の識字層の間においてだけのことであったとは思えない。多くの日本人にとって漢文の翻訳文は音声において加点漢文出現以前から既に身近な存在となっていたのでないか。そしてその中には必ずや完成度の高い、直訳文のもととなりえた翻訳文もあったに違いない。ちなみに紀貫之（?―九四五）が九三三年から九三四年にかけての自身の体験に基づいて書いた『土佐日記』には、儒書訓読文のあることが早くから知られている。その訓読文は本書における儒書翻訳文ということになるが、訓読成立以前の儒学界に直訳文のもととなるものが既にあったということを示している点において見逃せない。

漢文は変体漢文以前から存在していた。そして音声において既に翻訳文を備えていた。この、漢文と翻訳文との密な関係は、漢文を見ながらその日本語翻訳文を作り、それを音声でもって発すること、つまり白文をあたかも加点漢文のように読むこと、白文の準訓読読みとでも言うべきものが常時行われていたことを示唆している。

さて、白文としての漢文はもちろん漢字文である。したがって、白文の訓読的な読み方は、漢字文から作った日本語文を音声で発するということにおいて、変体漢文から作った日本語文つまり「訓読文」を声読する「訓読」とまったく同じである。

さらに、外国語文の読解において解義なり翻訳が行われる時には、文面にその補助となる簡単な書き込みやメモなどが加えられることなど珍しくない。奈良時代以前においても漢文に訓点のもととなるような断片的な書き込みが付加されることなど、よくあることだったに違いない。

これまでの検討をまとめると、おのずと次のような結論に至る。

漢文が漢字文という点で共通している変体漢文の影響を受けて、自身の漢字と訓点とによって既にそれなりの形で音声的に存在していたその翻訳文、すなわち直訳文のもととなるものを、自身の上に呈示するようになること、つまり加点漢文化するのは時間の問題だったのではないか。なお、変体漢文の漢字の用法が一部、漢文のそれと共通していることも、漢文と変体漢文との近さを示すものとして漢文に対する変体漢文の影響を強めた可能性がある。

② 声読

声読の面において変体漢文と、その影響を受けて誕生した加点漢文とを比べてみると、声読についても変体漢文の影響かと思われる所がある。

変体漢文はその漢字による日本語文表示において助詞助動詞などの細部は必ずしも漢字で示さ

ない。というより原則として示さない。その部分の明示は補読を踏まえたその「訓読文」の声読つまり「訓読」に委ねている。ひるがえって、それと同様の委託は加点漢文とその声読である訓読においても見られる。これは加点漢文が変体漢文の影響を受けていることを反映しているのでないか。

一般に声読は文字表記上、その姿形が完成した文を対象として行われる。しかし、『古事記』の〈①発《おこ》りし⇕発《ひら》けし〉などを通して見てきたように、変体漢文は助詞や助動詞、送り仮名などを初めとして、文の細部まですべて漢字で表しているわけでない。むしろ表さないのが普通と言って過言でない。そのような不明示部分の補読の、そのすべてではないとしてもそのかなりが「訓読者」の判断に委ねられている。そしてその「訓読者」の判断は最終的には声読＝「訓読」において示される。ひるがえって『白氏文集』においても「無底《そ》」「深處」の「無」「深」にはその活用語尾に関わる加点がない。そしてそこに何を補塡すべきかを示唆する、有力な文脈も情報もない。特にそれは「無」に顕著である。いずれにせよ、このような個所はほかにもあることからしても、そこにそれぞれ「く」「し」、「き」「い」の内のいかなるものを送るのか、その決定は訓読者に委ねられている。そして、変体漢文におけるのと同様、彼が決定したそれは声読＝訓読において披露されることになる（四―6―2）。

2―1―7 変体漢文と加点漢文――「訓読」と訓読――

文と声読両面におけるこれまでの考察は、〈変体漢文の影響下で漢文の加点漢文化が起こったこと〉、また〈文を読む人物の声読への、送り仮名などの補読の委託において加点漢文には変体漢文の影響が認められること〉を示している。この、加点漢文には文、声読両面において変体漢文を土台にしていると見られる所があるということは、直訳文と声読とからなる訓読は変体漢文の「訓読」を土台とも先駆者ともしているということ、少なくともその一つとしているということを述べるものにほかならない。

ところで、紙面で表そうとしている日本語文の明示度において、訓点によってかなりの程度まで具体的にその姿形を示している直訳文は『訓読文』より上位にある。したがってその声読である訓読の方が、変体漢文の「訓読」よりはるかに容易である。また、無加点漢文において音声でもってその翻訳文を発するのに比べると、加点漢文において直訳文を発する方がはるかに容易である。長い間、しかも頻繁に音声のレベルで変体漢文の「訓読文」と漢文の翻訳文とを発してきた経験を持つ日本人にとっては、加点漢文を訓読することなどきわめて容易なことだったに違いない。その容易さと日本語のみでの漢文解義ということ、加えて必要に応じての直読保持ということから、仏教界においてはひとたび訓読が成立するやそれは急激に全体に広がっていったに違いない。平安初期から各宗派、各寺院でいろいろな加点法が編み出されたのは、各宗派がその至極便利な訓読をいかに早く自宗派のものとするか、その努力の現れのように思われる。

2—1—8　宣命書き文——『続日本紀』——

宣命書きの文では一般的な変体漢文より日本語文がより細部まで書き表されている。次の例は六九七年文武天皇即位の時の詔の一部である。

天下乃公民乎恵賜比撫賜牟止奈母、随神所思行佐久止詔

「書き下し文」

（天皇は）天下《（あめのした）》の公民《おほみたから》を恵《うつく》び賜ひ撫《な》で賜はむとなも、神《かむ》ながら思《おもほ》しめさくと詔《の》りたまふ。

◆（ ）内は本書著者。

◆青木和夫・稲岡耕二・笹山晴生・白藤禮幸校注一九八九『新日本古典文学大系一二続日本紀一』岩波書店

『古事記』とは異なり、助詞や助動詞また活用語尾などの中には小字（「乃・乎・比・牟止奈毛・佐久止」）で書き示されているものも少なからずある。周知のようにこれに通じる万葉仮名による日本語表記は『古事記』を初め、多くの変体漢文においてもごく普通に見られる（八2—1—1a「（天）阿麻《あま》」）。しかも、その助詞などの表記はまさに訓点に近い。かなり細かい所まで明示して

いることにおいて宣命書き文またその「訓読」は一般的な変体漢文やその「訓読」よりも一歩先に進んでいる。そしてそれだけ加点漢文やその直訳文声読＝訓読の先駆けとなってそれに影響を強く与えたのでないかと推定される。

さて、『古事記』ほどではないものの、「恵賜」や「詔」などについては助詞や助動詞また活用語尾などが漢字によって明示されていない。そのような所もまた少なからずあることは、宣命書き文の場合もまた、補読をしつつの声読においてそれが表すべき文の具体的な姿形が音声において明示されるとともに確定されること、この点においても変体漢文と同様、漢文の加点漢文化に影響を与えたものと考えられる。また、先に紹介した『古事記』本文には見られなかった返読例「随神」「所思」なども変体漢文と漢文との近さを示すとともに、漢文の加点漢文化推進の一端を担ったのでないだろうか。

2―2　万葉仮名文――『万葉集』――

大伴家持（七一七―七八五）の次の一首は字音仮名だけで書かれている。

安吉加是能《あきかぜの》　布伎古吉之家流《ふきこきしける》　波奈能尓波《はなのには》　伎欲伎都久欲仁《きよきつくよに》　美礼杼安賀奴香母《みれどあかぬかも》

秋風の　吹き扱《こ》き敷ける　花の庭　清《きよ》き月夜《つくよ》に　見れど飽《あ》かぬかも

◆佐竹昭広・山田英雄・工藤力男・大谷雅夫・山崎福之校注二〇〇三『新日本古典文学大系万葉集四』岩波書店

表記に関する逐一の説明は省略するが、この字音仮名使用の万葉仮名文においても、やはり補読は必要とされている。さらにその字音仮名にしても例えば「安吉《あき》」の「安」や「吉」などのように、この歌においてはその字音の一部を表すものとして用いられいる漢字もある。したがって、補読に際しては単に当該漢字の持っている語や音の一つを適当に選択すれば十分というわけでなく、そこからさらに文脈に照らし合わせてみて最適のものを見いださなければならないことになる。いずれにせよ、文の全貌は文字表記において呈示されてはいるものの、補読をしつつの声読において全体の姿形の確定が行われるということ、また比較的早い時期の加点文献には万葉仮名による訓点があるということなどにおいて、変体漢文と同様、万葉仮名文も加点漢文の土台の一つになっていたに違いない。

2―3　訓読の先駆け

これまで『古事記』『続日本紀』『万葉集』それぞれをそれぞれ変体漢文・宣命書き文・万葉仮名文の代表として、また『白氏文集』を加点漢文の代表として両者の比較をしながら前者が後者の先駆けとなった可能性を追ってきた、もとよりそれは『古事記』などが『白氏文集』に実際に、また直接影響を与えたのか否かを明らかにしようとするものではないが、比較とそれに基づく検討の結果は前者変体漢文などと後者加点漢文との間にはおおよそ次のような関係が成り立っていたのでないかということを示している。

変体漢文も万葉仮名文もともに補読や万葉仮名による日本語表記などにおいて加点漢文の先駆となっている。ただし、これまで述べてきたことに明らかなように、万葉仮名文と同様の、日本語の漢字表記を内に含んでいる変体漢文こそ、先行の文として加点漢文の誕生にもっとも大きな影響を与えたと解される。変体漢文なくして加点漢文はなかったと言っても過言でない。そして、このことはひるがえって〈少なくとも奈良時代には変体漢文が一般化していたこと、広く用いられていたからこそ加点漢文の基盤となりえた〉ことを物語っている。ただし、加点漢文の成立には変体漢文などだけでなく、訓点の先駆けとなる漢文読解のための書き込みやメモなども関わっている。また、漢文が表語文字である漢字で構成されていることを初めとして、加点漢文成立以前あるいはその当時における平仮名（文）や片仮名（文）の成立、使用のこと、そして漢字仮名交じり表記の成立なども関わっていたはずである。したがって、この問題については今後におけるさらなる検討が不可欠である。

3　朝鮮の訓読

日本以外の漢字文化圏諸国においても日本の訓点や広義における訓読に相当するものが認められるということは、早くからしばしば指摘されてきている。そして、それとともにその訓点や訓読の仕方の紹介また日本のそれとの比較対照などが積極的に行われてきた。著者には外国の訓読について述べる準備がないけれども、日本における〈直読から訓読へ〉という変化をより鮮明に描くには、漢字文化圏の国々、取り分け古代から中国文化を日本に運んできた朝鮮と日本との比較が有効であることは明らかである。そして、既にこと儒書直読の有無については少なくとも江戸時代中期において日本無、朝鮮有が知られていた（湯沢二〇一四）。もちろん、日朝の比較は現代においても仏教界儒学界を問わず盛んに行われている。そして、その中でこの違いの生じた原因などについても見解が寄せられている。ただし、日朝の訓読についてはなおいろいろな疑問もあればいろいろ興味をそそられることも残されている。

たとえば、朝鮮における直読の存続は、とりもなおさず直読との関係において朝鮮の訓点や訓読そしてそのあり方などが日本におけるそれと根本的に異なっていたことを物語っている。そして即座に、朝鮮では直読と訓読とはどのような関係にあったのか、すなわち朝鮮の訓読はなぜ日本の訓読のように直読と対峙しなかったのかという疑問が生じてくる。否、それ以前に、そもそも直読と訓読のあり方、さらには言語が異なる日朝の比較に、日本における直読消滅などについての情報を求めることができるのかどうか。またこれとは別に、訓読成立以前における朝鮮語漢字文の有無、有としたらその特徴や使用頻度と訓読との関係、あるいは朝鮮の一字一字音と訓読との関係等々、興味ある疑問、話題が次から次へと浮上してくる。

いずれにしても、日朝訓読間における最大の関心事は、朝鮮における直読の全面的な存続のことに尽きる。ある言語の文はその言語の音で読まれるという大原則に沿っているこの存続について、その理由を解明することは必ずや、日本における原則逸脱、直読消滅、そして〈直読から訓読へ〉という変化の原因をより明確に把握することに貢献するはずである。

結語

〈直読から訓読へ〉という変化の起因は、漢文の上にその漢字と訓点とによって漢文の翻訳文である直訳文が呈示されたことにある。すなわち加点によって漢文が直訳文を呈示する加点漢文に変えられたこと、変わったことにある。

加点が行われると次のようなごく単純なメカニズムに沿ったことが生じる。

漢文加点↓漢文の加点漢文化＝直訳文呈示↓直訳文声読＝訓読

これは加点漢文においては自動的必然的、ないし自然発生的に直訳文の声読つまり訓読が行われるようになるということである。その訓読はひとたび加点漢文において成立するやいなや、これもまた自動的に〈訓読優先、直読軽視〉ということでの、直読との併存を始める。そして最終的には、漢文を読むことの窮極の目的はその解義にあること、訓読は日本語のみで行なうその解義に貢献することを背景にして、加点漢文は〈訓読存続、直読消滅〉という結果に至る。

一方、漢文の加点漢文化が進み、訓読が伸張するにつれて、加点漢文も含めて漢文全体において直読はおのずと後退し、最終的にはそれを不可欠とする一部仏典にのみに残存するだけとなった。すなわち、訓読は加点漢文無加点漢文を問わずそのすべての漢文において行われるようになった。ここに〈直読から訓読へ〉という変化は終結した。

ところで、〈直読から訓読へ〉という変化についてはその推進力となるものがあった。主たるは次の四つである。

①変体漢文(八—2)

漢文には訓読成立以前既に、直訳文に相当する翻訳文ないしそのもととなりうるような翻訳文が音声としてあった。これは、漢字文として漢文は漢文のほか、音声において日本語文をも持っていた、表してもいたということである。一方、変体漢文はその骨格のみではあるものの、とにもかくにも日本語文を文字でもって呈示している。そして、その声読つまり「訓読」においてその全体にわたる具体的な姿形を示す。これは、漢字文として変体漢文は音声においては確たる日本語文を持っていた、表していたということにほかならない。

漢字文であること、音声において具体的な日本語文を表すこと、この二点において漢文と変体漢文とは共通している。これに加えて変体漢文はその文字表記において骨格だけであるとはいえ既にそれなりに日本語文を表していることから、漢字文が日本語文を表すということにおける先駆者として、漢文が日本語文を表す加点漢文となること、つまり漢文の加点漢文化において影響を与えた。なお、変体漢文は補読についても〈補読の一部を訓読者の声読に委ねる〉ということにおいて漢文の加点漢文化に影響を与えた。

②〈一表記、一文、一読〉（五―11）

ある加点漢文はある直訳文を表す。その点において加点漢文も本来は〈一加点漢文、一直訳文、一声読＝一訓読〉以上でもなければ以下でもない。そして、そのことは加点漢文において訓読成立後ずっと続いていた〈一加点漢文、二文＝直訳文・漢文、二読＝訓読・直読〉という併存を破壊するとともに〈訓読存続、直読消滅〉という結果を導く推進力となった。

③漢文と直訳文との緊密さのアピール（四―5―1、四―8―3、五末尾①③）

加点漢文上における漢文とその加点漢文＝直訳文との物理的な緊密さは、〈文そのものにおいて直訳文は漢文と密接不可分の関係にあること、直訳文は漢文から生じた、まさにその正統な成り代わりであること〉を視覚を通してアピールしている。このアピールは、訓読とその後に行われる直訳文の解義は漢文の解義に相当すること、漢文の翻訳文である直訳文は意味内容的には漢文と同等に取り扱われることなどとあいまって、漢文関係者に次のようなことを強く印象づけるとともに保証するものとなっている。〈漢文読解においてはその声読＝直読が行われなくても直訳文の声読＝訓読が行われれば十分である〉。このことは当然のことながらアピールが漢文の加点漢文化そして訓読の伸長を推進するものとして働いたことを物語っている。またそれとともに、そのアピールを支えている直訳文の呈示場所や呈示方法は間接的ながら〈直読退歩、訓読進展〉推進に参加していたことを示している。

④直読学習の難しさと労力（四—8—1）

加点漢文においてはメカニカルに訓読と直訳文の解義が行われる。この訓読と解義とは実質的には漢文の解義に相当するものであり、すべて日本語で行われる。したがって、本来の漢文読解において行われる直読を必要としない。直読不要ということは直読の学習は難しく、そしてその習得にはかなりの労力が必要であることとあいまって、結果的に訓読を推進するものとなった。ちなみに、訓読を行うにはその方法の学習が求められる。しかしそれに要する労力は直読学習における それと比べればまさに微々たるものに過ぎない。また、漢文読解において直読には直読なりの音的な効用がある。しかし、文読解最大の目的はその意味内容の把握、解義にあること、また日本人は直読のその効用を漢文読解においてよく生かせないことなどから、日本においては直読がなくても日本人における漢文解義にさしたる文障は生じなかった。もちろん、このこともささやかながら訓読伸長、直読消滅を推進するものの一つとなった。

参考文献

青木正児　一九七〇『青木正児全集二』春秋社
青柳隆志　一九九一「『朗詠』という語について——中国詩文からの『和漢朗詠集』へ——」（『中古文学』四七）
足利衍述　一九七〇『鎌倉室町時代之儒教』復刻版　有明書房
有坂秀世　一九五七「諷経の唐音に反映した鎌倉時代の音韻状態」（『国語音韻史の研究増補新版』）三省堂
李　基文　一九七五『韓国語の歴史』（村山七郎監修、藤本幸夫訳）大修館書店
石崎又造　一九六七『近世日本に於ける支那俗語文学史』清水弘文堂書房
石塚晴通　二〇〇一→吉田金彦
乾　善彦　二〇〇三『漢字による日本語表記の史的研究』塙書房
犬飼　隆　二〇〇〇「木簡から万葉集へ」（『古代日本の文字世界』）大修館書店
牛島徳次　一九七七『中国古典の学び方』大修館書店
太田次男・小林芳規
　一九八二『神田本白氏文集の研究』勉誠社
奥田俊博　二〇一六『古代日本における文字表現の展開』塙書房
奥村三雄　一九七三『聚分韻略の研究』風間書房
小倉　肇　一九九五『日本呉音の研究』新典社

亀井　孝　一九八五「古事記はよめるか」（『亀井孝論文集四日本語のすがたとこころ――訓詁と語彙――』）吉川弘文館
亀井孝・大藤時彦・山田俊雄編
一九六三―一九六六『日本語の歴史』平凡社
河添房江・神田龍身・小嶋菜温子・小林正明・深沢徹・吉井美弥子編
二〇〇一『想像する平安文学八音声と書くこと』勉誠出版
木田章義　二〇一四「狸親父の一言――古事記はよめるか――」（『国語国文』八三―九）
二〇二三「訓読の力」（『和漢比較文学』七一）
倉石武四郎　一九四一『支那語教育の理論と実践』岩波書店
河野六郎　一九九四『文字論』三省堂
小助川貞次　二〇〇一→吉田金彦
小林芳規　一九六七『平安鎌倉時代に於ける漢籍訓読の国語史的研究』東京大学出版会
一九八二→太田次男
二〇〇一→吉田金彦
小松英雄　一九八六『国語史学基礎論』増訂版　笠間書院
一九九五「日本字音の諸体系――読誦音整備の目的を中心に――」（『日本漢字音論輯』）汲古書院
二〇〇六『日本語書記史原論』新装版　笠間書院
近藤泰弘　二〇〇一→吉田金彦
佐々木勇　二〇〇九『平安鎌倉時代における日本漢字音の研究』汲古書院

佐藤進・小方伴子編
二〇二〇『講座近代日本と漢学七　漢学と日本語』戎光祥出版
佐藤錬太郎　二〇〇一→吉田金彦
重野安繹　一九三九『重野博士史学論文集下』雄山閣
清水　健　二〇〇六「平安文人たちと『白氏文集』」（『漢籍と日本人』）勉誠出版
曾田文雄　二〇〇一→吉田金彦
高松政雄　一九九三『日本漢字音論考』風間書房
谷口孝介　二〇二三「和漢比較文学会シンポジウム　訓読という行為──解釈・翻訳として──」
（『和漢比較文学』七一）
築島　裕　一九六三『平安時代の漢文訓読語につきての研究』東京大学出版会
二〇〇一→吉田金彦
月本雅幸　二〇〇一→吉田金彦
土井光祐　二〇〇一→吉田金彦
中田祝夫　一九五四『古点本の国語学的研究』「総論編」大日本雄弁会講談社
中野幸一校注・訳
二〇〇一『うつほ物語』（新編日本古典文学全集一五）小学館
中村春作・市來津由彦・田尻祐一郎・前田勉編
二〇〇八『「訓読」論　東アジア漢文世界と日本語』勉誠出版
二〇一〇『続訓読論　東アジア漢文世界の形成』勉誠出版
沼本克明　一九八六『日本漢字音の歴史』東京堂出版
二〇〇一→吉田金彦

福島直恭　二〇一九『訓読と漢語の歴史』花鳥社
花野憲道　二〇〇一→吉田金彦
久木幸男　一九九〇『日本古代学校の研究』玉川大学出版部
松本光隆　二〇〇一→吉田金彦
馬渕和夫　一九六八『上代のことば』至文堂
峰岸　明　二〇〇一→吉田金彦
宮澤俊雅　二〇〇一→吉田金彦
村上雅孝　一九九八『近世初期漢字文化の世界』明治書院
　　　　　二〇〇一→吉田金彦
村田雄二郎・C、ラマール編
　　　　　二〇〇五『漢字圏の近代　ことばと国家』東京大学出版会
毛利正守　二〇一四「『変体漢文』の研究史と『倭文体《やまと》』」（『日本語の研究』十一一）
桃　裕行　一九九四『上代学制の研究　修訂版』（桃裕行著作集一）思文閣出版
森岡健二　一九九九『欧文訓読の研究——欧文脈の形成——』明治書院
柳田征司　二〇〇一→吉田金彦
山本真吾　二〇〇一→吉田金彦
湯沢質幸　一九八七『唐音の研究』勉誠社
　　　　　一九九六『日本漢字音史論考』勉誠社
　　　　　二〇一〇『古代日本人と外国語』勉誠出版
　　　　　二〇一四『近世儒学韻学と唐音』勉誠出版
　　　　　二〇一七『漢字は日本でどう生きてきたか』開拓社

吉田金彦・築島裕・石塚晴通・月本雅幸編
二〇〇一『訓点語辞典』「訓点語概説」東京堂出版
和島芳男
一九六五『中世の儒学』吉川弘文館

後記

十数年前、訓読研究書の書評の依頼がきた。一度お引き受けした後、おことわりした。理由は訓読以前の、文字の歴史や漢字文化圏における漢字漢文の受容に関わる理解の仕方の齟齬にあったが、すべて私の思慮の至らなさから始まったことであり、関係者の方々にはまことに失礼なことをしてしまった。本書はその後それを機に、訓読と、訓読にあたかも対峙しているかのように見える直読との歴史的な関係を私なりに追ってみた結果である。

私はこれまで漢字の研究を日本漢字音を中心として行ってきた。当然、私にとって漢文についての関心はと言えば、その多くは字音、直読にあった。ただし、字音や直読といつも背中合わせ、ないし隣り合わせの関係にある字訓や訓読は、おのずといつも目に入ってくる。その結果、平安時代儒学界における漢音直読教育の衰退を根拠に、かつて〈平安中期あたりを境にして儒学界は訓読中心、直読衰退に向かった〉と述べたことがある。もとよりこのような短絡的な見方に説得力などなかったが、〈直読から訓読へ〉という変化については社会言語学的な面からの接近も不可欠なのでないかという点においてそれは本書の出発点の一つとなった。

本書を書くに当たって真っ先に直面したのは訓読の定義のことであった。周知のように、訓読という語は以前から広くいろいろな方面で用いられてきている。当然、既にいろいろな定義や語釈がなされてきている。ある大型国語辞典では「漢文を日本語の文法にしたがってよむこと」という説明が加えられている。字数の制限があることは理解できるものの、漢文は中国語文である。それを「日本語の文法にしたがってよむ」とはいったいどういうことなのだろうか。要するにこれは「漢文の日本語翻訳文を読むこと」なのでないか。同様に解釈される説明は時として専門的な書籍などにおいても見受けられる。また、このことにも関わって訓読と訓点との関係についても、日本への漢文渡来以降訓読はずっと行われているとする説もあれば、加点開始以降とする説もある。また、右の辞典のように訓読は日本独自のものとする説もあれば、漢字文化圏の他の国や地域でも行われている、いたとする説もある。ちなみに、欧文についても訓読という語が用いられている。そのほか、本書第八章でも取りあげた変体漢文にも訓読という語が使われている。変体漢文は日本語文を表す。したがって、先の辞典になぞらえてこのことを言えば、訓読とは「漢字文を日本語の文法にしたがって読むこと」となりそうである。

このような訓読の意味内容や使用における多様性は、この語が早くからいろいろな意味で使われてきたこと、言わば一人歩きしてきたことを反映している。ただし、そのために定義や説明などがしにくくなりもすれば、人によってそれが大幅に異なることにもなる。そして、それは訓読に関わる議論が必ずしも円滑に進まなくなることを示唆している。もしかしたら、そのために〈直読から訓読へ〉ということについての議論がこれまで必ずしも積極的に、また具体的に行われてこなかったのかもしれない。そこで、本書では論点を明確にするために訓読について「凡例」に掲げたような定義を試みた。もちろんこれが最善かどうかということはまた別の問題である。この変化についての議論がもっと鮮明になるような定義があるいはあるかもしれない。

「本書の目的」で述べたように本書は〈直読から訓読へ〉という変化の輪郭なり大枠を描くことを目指している。そのことに関わって資料と言えばほとんど『宇津保物語』と『白氏文集』を用いただけである。直読や訓読、取り分け訓読の資料は今日でも数多く残されている。したがって、別の加点漢文によれば別の見方が成り立つ可能性がある。例えば平安時代初期の加点仏典を中心にしてみると、別の輪郭が浮かび上がってくる可能性がある。また、よしんば輪郭が描けたとしても直読消滅の過程や時期、また仏教界と儒学界との関係の詳細、あるいは訓読の成立と漢字の表語性との関係など、今後さらに詰めていかなければならない課題が山積している。直読と訓読に関わる日朝間の関係についての穿鑿も欠かせない。私自身、今後もこれらの課題に向かっていくつもりであるが、訓読や直読に関心のある方々によって今後、訓読の定義のことも含めて本書の検証がなされるとともに〈直読から訓読へ〉についての議論が活発に行われるようになれば、と思う。

このたびもまた勉誠社のお世話になった。吉田祐輔社長と武内可夏子副社長には構想の段階から相談にのっていただいた。たびたび面倒なこともお願いした。資料の提供までしていただいた。感謝申し上げる。

二〇二四年四月

湯沢質幸

著者略歴

湯 沢 質 幸（ゆざわ・ただゆき）

1943年群馬県前橋市生まれ　専門：日本語史研究
東京教育大学文学研究科修士課程修了　博士（文学）筑波大学
佐伯国語学賞　山形大学・筑波大学・京都女子大学に勤務
著書：『唐音の研究』（勉誠社、1987年）『日本漢字音史論考』（勉誠社、1996年）『古代日本人と外国語』・同「増補改訂」（勉誠出版、2001・2010年）『音声・音韻探求法』（松崎寛と共著、朝倉書店、2004年）『近世儒学韻学と唐音』（勉誠出版、2014年）『漢字は日本でどう生きてきたか』（開拓社、2017年）

日《に》本《ほん》人《じん》は漢《かん》文《ぶん》をどう読《よ》んだか
――直読から訓読へ――

著者　湯沢質幸
発行者　吉田祐輔
発行所　㈱勉誠社
〒101-0061　東京都千代田区神田三崎町二－一八－四
電話　〇三－五二一五－九〇二一㈹
二〇二四年五月二十五日　初版発行
印刷 製本　中央精版印刷

ISBN978-4-585-38006-1　C1081

増補改訂 古代日本人と外国語
東アジア異文化交流の言語世界
〔オンデマンド版〕

中国語をめぐる日本の学問のあり方、新羅・渤海など周辺諸国との交流、円仁ら入唐僧の語学力など古代日本における異国言語との格闘の歴史を明らかにする。

湯沢質幸 著・本体二八〇〇円（＋税）

近世儒学韻学と唐音
訓読の中の唐音直読の軌跡

日本独特の漢文の読み方＝「訓読」を背景として、儒学、加えて隣接分野の中国音研究＝「韻学」は、どのように「唐音」を取り扱い消化していったのかを追究。

湯沢質幸 著・本体九八〇〇円（＋税）

日本人の読書
古代・中世の学問を探る

注釈の書き入れ、識語、古記録や説話に残された漢学者の逸話など、漢籍の読書の高まりを今に伝える諸資料から古代・中世における日本人の読書の歴史を明らかにする。

佐藤道生 著・本体一二〇〇〇円（＋税）

日本近世中期上方学芸史研究
漢籍の読書

漢籍抄録、漢籍・和刻本における書入など、諸種の読書記録を詳細に分析。漢籍受容の諸相を鑑に近世中期日本の特質を明らかにする画期的著作。

稲田篤信 著・本体九〇〇〇円（＋税）

「訓読」論
東アジア漢文世界と日本語
〔オンデマンド版〕

東アジアから「訓読」を読み直す――。「訓読」という異文化理解の方法を再考し、日本伝統文化の形成、東アジアの漢字・漢字文化圏の文化形成のあり方を論じる。

中村春作・市來津由彦・田尻祐一郎・前田勉 共編
本体四八〇〇円（＋税）

続「訓読」論
東アジア漢文世界の形成
〔オンデマンド版〕

東アジアの「知」の成立を「訓読」から探る――。「知」の伝播と体内化の過程を「訓読」論の視角から読み解くことで東アジア漢文世界の成立を検証する。

中村春作・市來津由彦・田尻祐一郎・前田勉 共編
本体六〇〇〇円（＋税）

思想史のなかの日本語
訓読・翻訳・国語

近世から近代にかけての日本語の成立に対する歴史的な視点、そして、たえず編制され続けてきた「思想の言語」を捉え直し、「日本語とはなにか」という問題を論じる意欲作。

中村春作 著・本体二八〇〇円（＋税）

漢文訓読と近代日本語の形成

漢文資料はもとより、蘭学・英学資料、さらには近代の日本語資料を渉猟し、漢文訓読という型のもたらした史的影響を明らかにする。

齋藤文俊 著・本体七五〇〇円（＋税）

平安時代における変体漢文の研究

総体を捉える基盤研究のなされていなかった変体漢文の特性と言語的特徴を同時代の諸文体との対照から浮き彫りにし、日本語史のなかに定位する。

田中草大 著・本体八〇〇〇円（＋税）

日韓漢文訓読研究〔オンデマンド版〕

各国の言語文化における言語的・思想的展開について、日韓の最先端の研究者を集め論究、東アジアにおける漢字・漢文理解の方法と思想を探る。

藤本幸夫 編・本体一〇〇〇〇円（＋税）

江戸庶民の読書と学び

当時の啓蒙書や教養書、版元・貸本屋の記録など、人びとの読書と学びの痕跡を残す諸資料の博捜により、近世における教養形成・書物流通の実情を描き出す。

長友千代治 著・本体四八〇〇円（＋税）

文化装置としての日本漢文学

研究史を概括しつつ、とくに政治や学問、和歌など他ジャンルの文芸などとの関係を明らかにしながら、文化装置としての日本漢詩文の姿をダイナミックに描き出す。

滝川幸司・中本大・福島理子・合山林太郎 編

本体二八〇〇円（＋税）